Netzwerkmedizin

Eugen Münch
mit Stefan Scheytt

Netzwerkmedizin

Ein unternehmerisches Konzept
für die altersdominierte
Gesundheitsversorgung

Eugen Münch
RHÖN-KLINIKUM AG
Bad Neustadt an der Saale
Deutschland

Stefan Scheytt
Rottenburg
Deutschland

Die im Buch gezeigten Fotografien wurden uns freundlicherweise von der Unternehmenskommunikation der RHÖN-KLINIKUM AG zur Verfügung gestellt.

ISBN 978-3-658-04456-5   ISBN 978-3-658-04457-2 (eBook)
DOI 10.1007/978-3-658-04457-2

Die Deutsche Nationalbibliothek verzeichnet diese Publikation in der Deutschen Nationalbibliografie; detaillierte bibliografische Daten sind im Internet über http://dnb.d-nb.de abrufbar.

Springer Gabler
© Springer Fachmedien Wiesbaden 2014
Das Werk einschließlich aller seiner Teile ist urheberrechtlich geschützt. Jede Verwertung, die nicht ausdrücklich vom Urheberrechtsgesetz zugelassen ist, bedarf der vorherigen Zustimmung des Verlags. Das gilt insbesondere für Vervielfältigungen, Bearbeitungen, Übersetzungen, Mikroverfilmungen und die Einspeicherung und Verarbeitung in elektronischen Systemen.

Die Wiedergabe von Gebrauchsnamen, Handelsnamen, Warenbezeichnungen usw. in diesem Werk berechtigt auch ohne besondere Kennzeichnung nicht zu der Annahme, dass solche Namen im Sinne der Warenzeichen- und Markenschutz-Gesetzgebung als frei zu betrachten wären und daher von jedermann benutzt werden dürften.

Gedruckt auf säurefreiem und chlorfrei gebleichtem Papier

Springer Gabler ist eine Marke von Springer DE. Springer DE ist Teil der Fachverlagsgruppe Springer Science+Business Media
www.springer-gabler.de

Vorwort

Mit meinen 68 Jahren blicke ich auf eine lange Karriere im deutschen Gesundheitswesen zurück – alleine 36 davon habe ich als Geschäftsführer, Vorstand und heutiger Aufsichtsratsvorsitzender des Rhön-Klinikums, einem der führenden deutschen Unternehmen der Gesundheitsbranche, mit der Entwicklung und Ausgestaltung des privaten Krankenhausmarktes hierzulande verbracht.

Vor diesem Hintergrund, aber auch im Zusammenhang mit unzähligen Vorträgen, Positionspapieren und Beiträgen, die ich über die Jahre verfasst habe und die inzwischen mehr als 30 Aktenordner füllen, stellt sich schon die Frage: Warum jetzt auch noch ein Buch? Sehr vieles, was ich gesagt, getan, gepredigt und immer wieder auch beschworen habe, ist von denen, die sich davon haben infizieren lassen, aufgegriffen, umgesetzt und weiter vorangetrieben worden. Damit könnte ich zufrieden sein, denn auch anfängliche Widerstände gegen das früh von mir entwickelte Flussprinzip, womit eine Optimierung der komplexen medizinischen und organisatorischen Abläufe in Kliniken gemeint ist, sind weitgehend aufgegeben worden.

Viele beginnen zu akzeptieren, dass der steinalte Grundsatz in der Medizin, wonach die Dosis die Wirkung bestimmt, auch bei der Steuerung eines Krankenhauses und des gesamten Gesundheitswesens gelten muss: Der teilweise verschwenderische Einsatz personeller und technischer Ressourcen ist nichts anderes als eine Überdosierung und deshalb nicht nur unökonomisch und unschädlich, sondern auch für die Patienten qualitätsmindernd. Allerdings räume ich gerne ein: An den damit verbundenen Denkweisen und Sprachgebräuchen stoßen sich bis heute manche Menschen, für die Medizin ein sakrosankter gesellschaftlicher Bereich ist, in dem Begriffe wie Effizienz oder Leistungssteigerung nichts zu suchen haben. Für mich sind Medizin und Ökonomie nicht Begriffe zweier feindlicher oder gegensätzlicher Welten: Die bestmögliche medizinische Versorgung der Patienten war, ist und bleibt im Vordergrund aller meiner – als Unternehmer natürlich auch ökonomisch geprägten – Denk- und Sichtweisen, das versichere ich Ihnen.

Insgesamt betrachtet haben die Medizin und das Gesundheitswesen hierzulande in den vergangenen 40 Jahren eine enorme Leistungssteigerung erreicht, die den demografischen Trend der Alterung, die permanente Veränderung der Methoden und die Leistungsvermehrung fast ausgeglichen haben. Das war weder meine Schuld, noch meine Leistung, aber ich glaube, es ist fair zu sagen, dass ich diesen Trend eher befördert als gebremst habe.

Manche denken, man könnte es jetzt dabei bewenden lassen; und manche versuchen, ihrer Beharrungsneigung nachzugeben, indem sie mit Zähnen und Klauen den Status Quo verteidigen oder gar propagieren, die medizinische Zuwendung müsse durch eine Art Bezugsrechtsmedizin von politisch getakteten Funktionärskadern bestimmt werden. Dagegen stelle ich den Wunsch der Patienten nach Freiheit. Dabei ist der Freiheitsgedanke bei Weitem nicht alles: Denn gerade die Gesundheit ist ein soziales Thema, nicht nur hinsichtlich ihres enormen Beitrags zur kontinuierlichen Befriedung unserer Gesellschaft, sondern auch – mit Blick auf die demografische Entwicklung – als signifikanter Wohlstands- und Wirtschaftsmotor.

Das von mir entwickelte sogenannte Netzwerkmedizin-Konzept ist ein konkreter Ansatz für die dringend erforderliche Weiterentwicklung des Gesundheits- und vor allem des Krankenhauswesens. Das Thema hat zwar in jüngster Zeit viel Resonanz in den Medien erfahren – aber nur ein Buch kann meine weitergehenden Überlegungen ganzheitlich darstellen und erklären. In ihm kommen in Form von Interviews auch namhafte Gesundheitsexperten mit ihrer Sicht zur Netzwerkmedizin zu Wort.

Die Netzwerkmedizin ist ein unternehmerischer Impuls, kein politischer. Und so ist dieses Buch – inmitten der seit Monaten wieder aufflammenden Diskussionen um die angebliche Unvereinbarkeit von Medizin und Ökonomie – eben kein Rückblick auf das Erfolgte und Geleistete, sondern eine persönliche Streitschrift für ein besseres Gesundheitswesen in unserem Land: Deutschland kann es auch auf diesem Gebiet besser, davon bin ich überzeugt.

Dieses Buch konnte nur entstehen, weil es mir gelungen ist, tatkräftige Mitstreiter zu finden, die mit ihren jeweiligen Fähigkeiten zum Gelingen beigetragen haben und denen ich mich daher zu Dank verpflichtet fühle: Brigitte Sallwey für die Begleitung und Mitarbeit an meinen Vorträgen und Aufsätzen zur Gesundheitswirtschaft, die das Grundgerüst des Buches darstellen. Maritta Wlost und Claudia Hartwig für das Meistern der Herkulesaufgabe, meinen unverändert dynamischen Arbeitsalltag zu ordnen und zu organisieren. Danken möchte ich meinen beiden Kollegen im Aufsichtsrat, Wolfgang Mündel und Dr. Heinz Korte, die mir erlauben, sie mit komplexen Fragen – manchmal auch zu Unzeiten – zu behelligen. Des Weiteren gilt mein Dank allen anderen Aufsichtsräten, Vorständen, sonstigen Führungskräften, Mitarbeitern und vielen anderen Menschen auf unterschiedlichen Positionen für ihre Pflichterfüllung und ihre Verlässlichkeit. Sie machen jene Stärke aus, die uns auch in turbulenten Zeiten bestehen lässt. Ich hoffe inständig, dass ich für alle immer so viel bedeute, wie sie für mich.

Danken möchte ich auch Dr. Boris Augurzky, Kompetenzbereichsleiter Gesundheit am Rheinisch-Westfälischen Institut für Wirtschaftsforschung e. V. (RWI), der das Manuskript aus fachlicher Sicht kritisch durchgesehen und mit wertvollen Anmerkungen besser gemacht hat. Stefan Scheytt danke ich dafür, dass er meine mitunter komplizierten gedanklichen und sprachlichen Konstrukte in eine verständliche Form gebracht hat.

Ganz besonderen Dank schulde ich Stephan Holzinger, der mich frühzeitig davon überzeugt hat, dem komplexen Thema der Netzwerkmedizin ein Buch zu widmen und der die Konzeption und Umsetzung gesteuert hat; in ihm habe ich ein Alter Ego gefunden, er reflektiert vieles, hält mir in vielen Dingen den Spiegel vor und übernimmt auch manches mal die Wache, wenn alle schlafen.

im Herbst 2013   Eugen Münch

Inhaltsverzeichnis

1	Einleitung	1
2	Schöpferische Zerstörung	7
2.1	Ökonomie versus Ethik?	8
2.2	Warum die USA Kein Vorbild sind	10
2.3	Unser Grundsatz: „Rationalisierung vor Rationierung"	13
2.4	Erfolg durch Regelbrüche	15
2.5	Das Flussprinzip im Krankenhaus	17
2.6	Diagnose vor Therapie	18
2.7	Das Ende der Krankenhausmanufaktur	20
2.8	Das Ende des ärztlichen Berufsbilds	22
3	Wie ein krankes Gesundheitssystem Wachstum verhindert	25
3.1	Was erzeugt medizinischen Fortschritt?	26
3.2	Überdehnter Solidargedanke	29
3.3	Mobilitätsbedürfnisse im Wandel	31
3.4	Fehlgeleitete Kaufkraft	34
3.5	Der Patient als Zuteilungsempfänger	35
3.6	Krankenhäuser im Investitionsstau	36
3.7	Wachsende Evidenz für Qualitätsmängel	39
4	Das Konzept der Assekuranten Krankenvollversorgung (AKV)	41
4.1	Die bundesweite Netzwerkkomponente	45
4.1.1	Tele-Portal-Kliniken und Medizinische Versorgungszentren (MVZ)	47
4.1.2	Neue Ausprägungen des Arztberufs	49
4.2	Die elektronische Patientenakte (WebEPA)	50
4.2.1	Der Patient ist Herr über seine Daten	52

	4.2.2	Zur Tumorkonferenz zugeschaltet	53
4.3		Die Versicherungskomponente	55
	4.3.1	Zahlbare Prämien für Jedermann	56
	4.3.2	Der Staat in einer neuen Rolle	57

5 Interviews mit namhaften Gesundheitsexperten 59

5.1 „Freiheit besteht in der Verfügbarkeit von Alternativen" – Interview mit Karl-Heinz Schönbach, Geschäftsführer Versorgung beim AOK-Bundesverband 59

5.2 Plädoyer für regionale Medizin-Netzwerke – Interview mit Dr. Reinhard Wichels, Geschäftsführer der WMC Healthcare GmbH 64

5.3 „…als gäbe es keine Sektorengrenzen mehr" – Interview mit Hans Adolf Müller, Leiter Gesundheitsmanagement der knappschaftlichen Gesundheitsnetze prosper und proGesund 69

5.4 „Vernetzte Strukturen liefern überlegene Leistungen" – Interview mit Helmut Hildebrandt, Geschäftsführer der Gesundes Kinzigtal GmbH 75

Epilog 81

Literatur- und Quellenverzeichnis 83

Die Autoren

Eugen Münch ist Gründer, Ankeraktionär und Aufsichtsratsvorsitzender der im MDAX notierten RHÖN-KLINIKUM AG. Er übernahm 1974 als alleiniger Geschäftsführer die Sanierung der damaligen Kurbetriebs- und Verwaltungsgesellschaft m.b.H. in Bad Neustadt an der Saale, dem Vorläufer der heutigen RHÖN-KLINIKUM AG, und baute das private Klinikunternehmen mit einstmals 66 Mitarbeitern sukzessive zu einem der führenden deutschen Gesundheitsunternehmen aus. 2013 erwirtschaftete das Unternehmen mit 54 Kliniken an 43 Standorten und über 43.000 Mitarbeitern einen Umsatz von rund drei Milliarden Euro. Im September 2013 wurde bekannt, dass die Fresenius-Tochter Helios einen Großteil der Kliniken und Standorte der RHÖN-KLINIKUM AG erwerben will. Eugen Münch ist Ehrenmitglied des Bundesverbands Deutscher Privatkliniken. Er engagierte sich darüber hinaus als Mitglied im Stiftungsrat der Deutschen Hospiz Stiftung, als Mitglied im Stiftungsrat der Stiftung Deutsche Schlaganfallhilfe sowie als Mitglied des Wissenschaftlichen Beirats der Zeitschrift Arbeit und Sozialpolitik.

Stefan Scheytt ist freier Journalist in Rottenburg am Neckar und schreibt für diverse deutschsprachige Printmedien. Er arbeitet auch als Ghostwriter und im Bereich Corporate Publishing.

Einleitung   1

Im Frühjahr 2013 erlebt das „Schwäbische Tagblatt" in Tübingen eine Flut von Leserbriefen, wie sie nur von ganz wenigen, hoch emotionalen Themen ausgelöst werden kann. Dutzende von Krankenschwestern und Ärzten am Universitätsklinikum, vor allem aber Eltern und andere Medizin-Laien, äußern sich empört, erbost, verzweifelt und verbittert über Vorgänge an der Kinderklinik. „Müssen tatsächlich erst Patienten zu Schaden kommen, bis die verantwortlichen Politiker verstehen, dass eine Klinik keine Schraubenfabrik ist und auch nicht so geführt werden kann? Wie lange soll das noch so weitergehen?", fragt ein Klinik-Mitarbeiter.[1] Ein anderer Leserbriefschreiber fordert die Tübinger Bundestagsabgeordnete, die auch Staatssekretärin beim Bundesgesundheitsminister ist, auf: „Tun Sie endlich was!!! Haben Sie von dieser Misere noch nichts mitbekommen, obwohl die Kinderklinik in Ihrem Wahlkreis steht? Treten Sie Ihrem Gesundheitsminister auf die Füße! Sorgen Sie dafür, dass die gehorteten Milliarden der Krankenkassen nicht beim Paläste bauen veruntreut werden, sondern dem Zweck zugeführt werden, für die sie von den Versicherten eingezahlt wurden!...."[2] Ein anderer klingt schon resigniert: „Ich frage mich, in wessen Namen diese Zerstörung von Strukturen der Grundversorgung eigentlich geschieht! Es passt ins Bild eines Kapitalismus, der das Soziale auch bei uns weitestgehend abgelegt hat, dass er dort zerstört, wo Mehrwert nur sehr schwer bis gar nicht gemessen werden kann: an den Schwachen, den Kranken, den Kindern, den Alten. Wer wundert sich jetzt, dass die Kliniken, die zur ökonomischen Gangart getrieben wurden wie die Herde zum Schlachter, ausbluten, weil sie nach und nach alle Reserven verbraucht haben?"[3]

---

[1] http://www.tagblatt.de/Home/leserportal/leserbriefe_artikel,-Keine-Schraubenfabrik-_arid,204860.html

[2] http://www.tagblatt.de/Home/leserportal/leserbriefe_artikel,-Tun-Sie-endlich-was-_arid,204851.html

[3] http://www.tagblatt.de/Home/leserportal/leserbriefe_artikel,-An-den-Schwachen-_arid,204850.html

E. Münch, S. Scheytt, *Netzwerkmedizin,*
DOI 10.1007/978-3-658-04457-2_1, © Springer Fachmedien Wiesbaden 2014

Anlass für diese Debatte, die bei ähnlichen Anlässen auf ähnliche Weise wohl auch in anderen deutschen Städten geführt wird, waren Medienberichte über das Defizit der Tübinger Kinderklinik, die 2012 bei einem Umsatz von 40 Millionen Euro rund drei Millionen Euro Verlust eingefahren hat.[4] Aber nicht so sehr dieses Defizit fachte die Emotionen an, sondern die Sorge, es könnte dazu führen, dass todkranken Kindern notwendige Behandlungen vorenthalten werden. So wird in den Berichten der zweijährige Noah erwähnt, gegen dessen bösartigen Gehirntumor die Ärzte seit Monaten kämpfen. „Eigentlich müsste ich sagen: Sorry, du bist zu teuer", wird der Leiter der Kinderklinik zitiert, der gleich noch das Beispiel eines elfjährigen Mädchens rekapituliert, das so schwer an Mukoviszidose erkrankt ist, dass es 250 Tage lang isoliert in einem Krankenhauszimmer auf eine Lungentransplantation warten musste und der Klinik ein Minus von rund 100.000 Euro eintrug. Zwar machen solche „Langlieger" nur wenige Fälle in den Krankenhäusern aus, doch wegen ihrer extrem hohen Kosten können sie im System der Fallpauschalen dazu führen, dass eine Klinik in die roten Zahlen rutscht.[5] Insgesamt veranschlagt der Verband der Universitätskliniken den jährlichen Verlust an Unikliniken allein durch solche Extremkostenfälle auf rund 175 Millionen Euro.[6] Die Politik müsse handeln, fordert der Tübinger Klinikchef, „sonst wird es darauf hinauslaufen, dass man sich überlegen muss, ob man einen Patienten mit einem besonders komplizierten Fall überhaupt noch aufnimmt – oder ob man behauptet, alle Betten seien belegt."[7]

Es ist nur allzu verständlich, wenn sich Menschen sorgen und darüber ärgern, dass in einem der reichsten Gesundheitssysteme der Welt offenbar Ressourcen für todkranke Kinder fehlen könnten, wenn gleichzeitig jeder die Erfahrung machen kann, wie verschwenderisch mit diesen Ressourcen an anderer Stelle umgegangen wird. Nehmen wir das klassische Beispiel eines Büroangestellten, der am Freitagnachmittag überraschend heftige Kopfschmerzen bekommt, vielleicht begleitet von Schwindel und Sensibilitätsstörungen in der Hand: Dieser Mensch wird, weil sein Hausarzt am Freitagnachmittag nicht mehr zu erreichen ist, zum diensthabenden Bereitschaftsarzt gehen, und der wird, weil er weder HNO-Spezialist noch Neu-

---

[4] http://www.tagblatt.de/Home/nachrichten/ueberregional/baden-wuerttemberg_artikel,-Uni-Kliniken-zahlen-fuer-schwere-Faelle-oft-drauf_arid,209314.html

[5] http://www.swr.de/nachrichten/bw/-/id=1622/nid=1622/did=11221994/1t5zjba/index.html

[6] http://www.stern.de/panorama/tuecken-der-fallpauschale-die-angst-der-krankenhaeuser-vor-den-langzeit-patienten-1991606.html

[7] http://www.tagblatt.de/Home/nachrichten/ueberregional/baden-wuerttemberg_artikel,-Uni-Kliniken-zahlen-fuer-schwere-Faelle-oft-drauf-_arid,209314.html

1 Einleitung

rologe ist, den Patienten ziemlich sicher ins nächste Kreiskrankenhaus schicken. Jeder Arzt weiß zwar, dass sich solche Schwindelsymptome zu mehr als 90 Prozent als relativ harmlose Störungen erweisen, die nach den Fallpauschalen entsprechend gering vergütet werden. Aber wenn der Patient seine Beschwerden mit Nachdruck vorträgt, wird er die nächsten drei bis fünf Tage mit hoher Wahrscheinlichkeit im Krankenhaus verbringen: Zunächst werden ein Blutbild und eine Röntgenaufnahme gemacht, vielleicht auch eine Computertomographie, dann liegt der Patient erst einmal mit einer Infusion zwei Tage im Bett, bis am Montag der Stationsarzt die internistische Untersuchung vornimmt; am Dienstag kommen dann konsiliarisch der Neurologe und der HNO-Arzt hinzu, dann wird am Mittwoch oder Donnerstag eine Kernspintomographie gemacht, um den Schwindel im Gehirn zu lokalisieren; wie in den allermeisten Fällen wird man am Schluss ein ungefährliches Schwindelsyndrom diagnostizieren, ausgelöst zum Beispiel durch eine relativ harmlose Verklebung im Gleichgewichtsorgan, die sich in aller Regel durch Bewegungs- und Lagerungsübungen innerhalb weniger Tage wieder stabilisieren lässt.

Selbstverständlich plädiere ich nicht dafür, einem solchen Patienten Geräteuntersuchungen vorzuenthalten, weil sie zu teuer wären, oder ihn erst gar nicht ins Krankenhaus einzuweisen, weil sich am Ende mit hoher Wahrscheinlichkeit ohnehin nichts Ernsthaftes herausstellt. Aber die naheliegende Frage ist doch, ob ein Schwindelsymptom nicht anders, schneller, effizienter abgeklärt werden kann. Das wäre im Interesse des Patienten, der früher wüsste, ob er einen gefährlichen Gehirntumor hat oder nur eine Störung seines Gleichgewichtsorgans; und im letzteren Fall müsste er nicht tagelang unnötig im Krankenhaus liegen und sich grundlos sorgen. Die effizientere Diagnose wäre aber auch im Interesse des Krankenhauses, denn ein Patient, bei dem nur das Gleichgewichtsorgan vorübergehend gestört ist, hat einen relativen Schweregrad (CMI) von vielleicht 0,3; das bedeutet, er ist ein Leichtpatient, der in einem Universitätsklinikum definitiv am falschen Platz ist, weil er dort Ressourcen bindet, die für Patienten mit Schweregraden von 1,5 an aufwärts viel dringender benötigt werden.

Ressourcenknappheit hier wie im Fall der Kinderklinik, Ressourcenverschwendung dort wie zum Beispiel bei den jährlich zigtausenden von Patienten mit Schwindel oder Rückenschmerzen: Dieses Missverhältnis zu Lasten aller Beteiligten begleitet das deutsche Gesundheitswesen wie ein böser Schatten, und dieser Schatten wird umso bedrohlicher, je mehr unsere Gesellschaft altert und damit automatisch eine höhere Nachfrage nach medizinischen Leistungen entfaltet.

Bei einem Nachfrageüberhang steigen auf normalen Märkten die Preise, die die Nachfrager selbst zu tragen haben, weshalb die Nachfrage in der Regel wieder sinkt. Im Gesundheitsmarkt zahlen jedoch die Beitragszahler, nicht die nachfragenden Patienten. Unter dem Druck der Politik, die die Kosten für die Beitragszahler im Zaum halten will, marschieren die Krankenkassen dann genau in die entgegengesetzte Richtung: Sie versuchen, den Patienten medizinische Leistungen vorzuenthalten durch mehr oder weniger verdeckte Wartelisten und durch die Verweigerung moderner medizinischer Verfahren oder des Zugangs zu neuester Gerätetechnologie. Diese Rationierung und Priorisierung ist nicht weniger als der Einstieg in die Zwei-Klassen-Medizin, die heute jeder Patient – ob ambulant oder stationär – erfahren kann. Würde beispielsweise der oben genannte Patient mit seinen Schwindelsymptomen einen niedergelassenen Radiologen aufsuchen, müsste er je nach Standort drei bis sechs Wochen auf einen Termin für eine Kernspin-Untersuchung warten, mit etwas Glück und guten Beziehungen könnte er die Wartezeit bestenfalls auf zwei Wochen verkürzen. Dabei ist anzumerken, dass der Begriff der Zwei-Klassen-Medizin eine geschönte Vereinfachung der Tatsache ist, dass immer größere Bevölkerungsgruppen von existenzieller medizinischer Versorgung ausgeschlossen werden.

Alle Trends deuten heute darauf hin, dass unser Gesundheitssystem – trotz eines gigantischen Ressourceneinsatzes von fast 300 Milliarden Euro im Jahr 2011 – inzwischen heillos überfordert ist und sich einer gefährlichen Grenze nähert. Experten wie Laien ist längst klar, dass eine Lösung nicht in der 16. oder 17. Gesundheitsreform liegen kann, die sich kleinteilig und kleinteiligst an diesem und jenem Symptom abarbeitet, sondern dass ein radikaler Systemwechsel längst überfällig ist.

Als Lösung habe ich das Konzept der Assekuranten Krankenvollversorgung (AKV) in die Diskussion eingeführt und will es mit diesem Buch vertiefen. Kernstück ist ein bundesweites Krankenhausnetzwerk in Verbindung mit einer oder mehreren gesetzlichen Krankenkassen, ergänzt um private Zusatzkrankenversicherungen. Gemeinsam garantieren sie eine flächendeckende medizinische Vollversorgung auf höchstem Niveau. Es geht dabei nicht in erster Linie um Synergien zwischen zwei oder mehreren großen Krankenhausketten oder um zusätzliche Rationalisierung in einzelnen Krankenhäusern, sondern um einen ganz neuen Weg für das deutsche Gesundheitswesen, um eine neue Perspektive gerade für Kassenpatienten – mithin um die Einebnung einer Zwei-Klassen-Medizin.

Denn die Leistungen eines solchen integrierten Anbieterverbunds kämen keineswegs nur einer finanzkräftigen Elite in unserer Gesellschaft zugute. Dies zu betonen ist mir persönlich wichtig, um von vornherein erst gar kein Missverständnis aufkommen zu lassen. Würden weniger Zahlungskräftige ausgeschlossen, wäre dies die Fortsetzung der heute schon existenten schleichenden Leistungsselektion; eine nachhaltige Lösung brauchen aber ausnahmslos alle. Wer als im Netzwerk versicherter Patient eine bestimmte Leistung beansprucht, die im Regelsystem angeblich noch angeboten, in der Realität aber kaum noch gewährt wird, zahlt dafür einen geringen monatlichen Obolus in der Größenordnung eines Tageszeitungsabos. Damit

1 Einleitung

hat er Anspruch auf die uneingeschränkte, nicht rationierte und nicht priorisierte Leistung überall und jederzeit innerhalb des Netzwerks. Charakteristisch für das Konzept der Assekuranten Krankenvollversorgung ist außerdem der Einsatz einer elektronischen Patientenakte sowie so genannte Gatekeeper – diagnostisch erstklassig qualifizierte ärztliche Entscheider, die den Patienten rationell an jene Stelle im Netzwerk lotsen, die sie brauchen – seien es ambulante Einrichtungen, Erstversorger, Portalkrankenhäuser, Grundversorger oder Universitätskliniken und andere Häuser der Maximalversorgung. Ein Versicherter, der über Drehschwindel klagt, würde selbst am Wochenende innerhalb von ein bis zwei Tagen die adäquate Diagnostik und somit den bestmöglichen Befund erhalten; das medizinisch Nützlichste für den Einzelnen wäre mit dem ökonomisch Sinnvollsten für das gesamte System verknüpft. Und genau das ist der zentrale Anspruch, um den es mir geht!

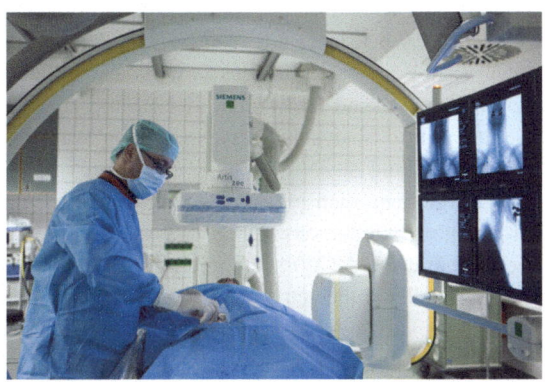

Abb. 1 Institut für Interventionelle Radiologie und Neuroradiologie, Zentralklinik Bad Berka

Ein solches Modell würde meiner festen Überzeugung nach bald Nachahmer finden, allein schon deshalb, weil Netzwerk-Patienten ihre Erfahrungen mit anderen teilen. Der Markt richtet sich dann von alleine aus. Mittelfristig würde daher eine neue Versorgungsstruktur mit beachtlichen Produktivitätssteigerungen entstehen, die es erlaubten, die aus demografischen Gründen weiter ansteigende Nachfrage auf einem qualitativ hohen Niveau zu erfüllen. Voraussetzung dafür wäre allerdings eine völlige Wende im bisherigen Denken, ein Quantensprung. Die bisherige Leistungsstruktur und ihre Beteiligten sind im Sinne eines sich selbst verstärkenden Kreislaufs Ursache und Wirkung zugleich: Da der Staat beachtlichen Anteil am inzwischen maximal durchlobbyierten Gesundheitssystem hat, ist nicht zu erwarten, dass es sich ohne Außeneinwirkung grundlegend ändern kann. Ich bin zutiefst davon überzeugt, dass der Politik eine grundlegende Lösung nicht gelingen kann, wenn sie keine unternehmerische Alternative zulässt. Nur der Wettbewerb mehrerer solcher Verbundnetze wird es ermöglichen, das Krankenhaus auch als soziales System zu erhalten, das für jeden jederzeit verfügbar und dessen Leistung für jeden bezahlbar ist.

Wenn wir am offensichtlich überforderten Gesundheitswesen alter Prägung aus Besitzstandsgründen festhalten, wird das System genau von denjenigen zerstört werden, die vorgeben, es erhalten zu wollen. Dann mündet die verhinderte Rationalisierung unweigerlich in Rationierung und die Rationierung in Selektion und damit in ein Mehrklassensystem, wie wir es bereits in den USA beobachten können. Mit Rationierung und Selektion aber wäre die Befriedung verloren, die unser System bis heute noch leistet – und die auch einen wesentlichen Teil unserer Gesellschaft und Kultur ausmacht. Es kann einem schon zu denken geben, wenn – wie in den USA geschehen – es eines Ein-Dollar-Bankraubs bedarf, um im Gefängnis an die für Häftlinge kostenlose Gesundheitsversorgung zu kommen, die man sich als Arbeitsloser oder schwer Kranker anderweitig kaum sichern kann.[8] Ich will nicht Bürger eines Landes sein, das seinen Einwohnern solche Maßnahmen abfordert, um gesund zu werden oder gesund zu bleiben. Das Beispiel stellt nur die Spitze eines Eisbergs dar, dessen unter der Wasseroberfläche liegendes Eis eine Horrorvorstellung ist.

Das Argument, man müsse es nur besser machen als bisher, hat keine Glaubwürdigkeit mehr, denn das heutige System hatte viele Jahrzehnte Zeit, sich auf die absehbare und von der Wissenschaft immer wieder mahnend aufgezeigte Entwicklung einzustellen. Indessen hat das alte System nur bewiesen, dass es wegen seiner Ausrichtung auf Besitzstandswahrung der Leistungserbringer, der Kostenträger und der staatlichen Bürokratie den Wandel zur Massenversorgung nicht bewältigen kann. Da wegen der Alterung der Gesellschaft auch zukünftig mit steigenden Patientenzahlen zu rechnen ist – ich schließe eine Verdoppelung in den kommenden 30 Jahren nicht aus – droht unser Gesundheitssystem zu kollabieren, wenn jetzt nicht fundamentale Umdenkungsprozesse einsetzen.

Mit dem Konzept der Assekuranten Krankenvollversorgung (AKV) will ich diesem Prozess einen Schub geben.

---

[8] http://www.spiegel.de/panorama/gesellschaft/us-gesundheitssystem-bankraub-fuer-einen-arzttermin-a-769607.html

Schöpferische Zerstörung 2

▶ Mit Hilfe zum Teil bewusster Regelverletzungen verfolgte die Rhön-Klinikum AG von Anfang an das Konzept, bezahlbare Gesundheitsdienstleistungen für jedermann zu bieten. Durch das Flussprinzip und interdisziplinäre Diagnostikzentren in den Krankenhäusern wird der Grundsatz verwirklicht: „Rationalisierung vor Rationierung".

Wenn man wie ich als Vorstandsvorsitzender über Jahrzehnte einen privaten Krankenhauskonzern geführt hat und diesen nun als Aufsichtsratschef begleitet, ist man immer wieder Kritik ausgesetzt. Gern wird man hoppla hopp und unbesehen in einen Topf mit irgendwelchen Finanzinvestoren oder Hedgefonds-Managern geworfen, die vor allem mit Fremdkapital in Unternehmungen investieren, um sich schon nach wenigen Jahren wieder mit einer möglichst hohen Rendite zu verabschieden. So werde dann auch ich als Branchenvertreter der Krankenhäuser in privater Trägerschaft manchmal als Figur angesehen, deren moralische Integrität angezweifelt wird. Ich werde dann zum Beispiel gefragt, wo denn unsere „ethischen Grenzen" lägen, wo wir doch im System der Fallpauschalen umso mehr verdienten, je kürzer Patienten in unseren Krankenhäusern liegen? Erstaunlich ist das schon deshalb, weil man Oberärzte, Pflegedienstleiter oder Mitarbeiter in unseren Krankenhausküchen und -wäschereien wohl nie nach ihren „ethischen Grenzen" fragen würde, obwohl doch auch sie ihren Beruf unter anderem deshalb ausüben, weil sie Geld verdienen wollen. Gleiches gilt übrigens für niedergelassene freiberuflich tätige Ärzte.

Zum rhetorischen Repertoire der Kritiker und Bedenkenträger gehört regelmäßig auch die Warnung, eine stärkere Rolle privatwirtschaftlicher Anbieter in der deutschen Krankenhauslandschaft würde automatisch zu Verhältnissen wie in den USA führen, wo bekanntlich einer zahlungskräftigen Oberschicht eine sehr teure Hochleistungsmedizin zur Verfügung steht, während gleichzeitig Millionen von schlecht oder gar nicht versicherten Menschen medizinische Leistungen vorenthalten werden. Richtig ist zwar, dass das US-Gesundheitssystem sehr starke Anreize für medizinische Spitzenleistungen bietet, weil sich dort neue und erfolgreiche Behandlungsmethoden durch die Nachfrage wohlhabender Patienten relativ schnell in Gewinne für die Leistungserbringer übersetzen lassen. Dennoch sind die USA für mich in dieser Hinsicht ein eher abschreckendes Beispiel, das keineswegs als Vorbild für den Umbau des deutschen Krankenhauswesens taugt, zumal in Deutschland praktisch jeder – anders als in den USA – krankenversichert ist. Vielmehr bin ich unverändert davon überzeugt, dass eine Flächenversorgung für jedermann die überlegene Konstruktion darstellt – und zwar eine bezahlbare *Spitzen*medizin für *Jedermann*. Nur durch sie ist der Erfahrungshintergrund gegeben, um allgemeine Gesundheitsgefahren für die Bevölkerung früh erkennen und bekämpfen zu können.

2.1 Ökonomie versus Ethik?

An diesem Punkt der Debatte werde ich regelmäßig gefragt, ob ich die Ablehnung des US-amerikanischen Modells ökonomisch oder ethisch-moralisch begründe, und nicht selten spüre ich die unausgesprochene Erwartung, ich möge rein ökonomisch argumentieren, damit man mir dann umso leidenschaftlicher unethisches Verhalten vorhalten kann. Ich halte diese Frage aber für falsch gestellt, weil sie beinhaltet, man könne sich nur für die eine oder für die andere Seite entscheiden. Ich hingegen glaube, dass es keinen geborenen Widerspruch zwischen Ökonomie und Ethik gibt, auch wenn dieser Gegensatz von Interessensgruppen gerne herbeigeredet wird. Für mich erübrigt sich die Frage der Moral zumeist dann, wenn die Frage nach der Nützlichkeit zufriedenstellend beantwortet ist; mein Maßstab lautet: Tue nichts, was du nicht willst, dass es dir geschieht, und unterlasse nichts, von dem du willst, dass es dir geschehe. Niemand mag sich in der Situation wiederfinden, in der ihm eine lebensrettende Herzoperation verwehrt wird, nur weil er nicht über die dafür notwendigen finanziellen Mittel verfügt. Wie könnten also wir als Krankenhausbetreiber aus Gewinnstreben einem Patienten so etwas zumuten? Die Frage ist doch vielmehr, wie die Politik das System so organisieren kann, dass es zu diesem scheinbaren Dilemma – hier Ökonomie, dort Ethik – erst gar nicht kommt. Wenn wir die richtige Organisationsform gefunden haben, stellen wir fest, dass das moralisch Wünschenswerte – jeder bekommt die medizinisch erforderliche Herz-OP – auch das beste ökonomische Ergebnis zeitigt. Es ist nicht die Ökonomie, welche die Ethik der Medizin gefährdet, sondern die Medizin gefährdet ethische Grundsätze, wenn sie ökonomische Grundsätze missachtet; und ökonomische Grundsätze werden missachtet, wenn man meint, Ressourcen verschwenden zu können, ohne

2.1 Ökonomie versus Ethik?

dass dies Auswirkungen auf das gesamte System hätte. Im Begriff der Nachhaltigkeit, also des langfristig ausgelegten sparsamen Ressourcenverbrauchs, treffen sich moralische und ökonomische Maßstäbe. Ja, Medizin ist auch ein Geschäft, aber sie kann das auf Dauer nur sein, wenn sie echten Nutzen für die Patienten stiftet. Anders ausgedrückt: Der Grad der Nützlichkeit bestimmt die Nachhaltigkeit und damit die Ökonomie und die Ethik gleichermaßen. Ein altgedienter Hausarzt sagte mir am Beginn meiner Karriere einmal freundschaftlich: „Wenn Du im Gesundheitswesen etwas werden willst, sorge dafür, dass Ethik und Monetik übereinstimmen, dann ergibt sich eine Symphonie." Nur am Rande sei hier bemerkt, dass die losgebrochene Diskussion über Ökonomisierung versus Ethik den Eindruck erweckt, als gebe es im Verhältnis zwischen Arzt und Patient nicht schon immer eine Ökonomisierung – indem nämlich der Arzt in seiner Praxis oder im Krankenhaus knappe Ressourcen an Patienten verteilt, darunter zum Beispiel auch seine Zeit. Ökonomie heißt immer, knappe Ressourcen möglichst wirksam einsetzen. Da die Ressourcen immer knapp sind, wird es daher auch immer Ökonomisierung geben. Jeder niedergelassene Arzt ist automatisch eben immer auch ein Unternehmer, der aus seiner Tätigkeit heraus Erträge und Gewinne erzielen muss, um unter anderem seine Gerätschaften in der Praxis in regelmäßigen Abständen modernisieren zu können.

Will man das Verhältnis von Ökonomie und Ethik im Gesundheitswesen verstehen, muss man die Wechselbeziehung zwischen Patient und Medizin herausarbeiten: Der eine hat eine Beschwerde, eine Krankheit, der andere eine Therapie, die helfen könnte; der eine hat Husten, der andere sammelt Kräuter, die dagegen helfen – dieses Wechselverhältnis hat sich bis zu jener Hochleistungsmedizin mit hochwirksamen Medikamenten, mit teuren Geräten und komplexen Verfahren entwickelt, die Leiden lindern oder beseitigen, die Leben retten und Lebenszeit schenken. Entscheidend ist dabei, dass keine Seite in dieser Wechselbeziehung ohne die andere denkbar ist: Der eine würde keine Kräuter sammeln oder keinen Kernspintomographen erfinden und bauen, wenn es keinen Kranken gäbe, dessen Krankheitsbild danach verlangt, und der Kranke würde keinen Arzt aufsuchen, wenn der ihm keinen Nutzen in Aussicht stellen könnte. Das gesamte medizinische Angebot spiegelt also die Gesamtheit aller medizinischen Fragestellungen wider, und genau deshalb ist es für ein effizientes Gesundheitswesen so eminent wichtig, eben alle Patienten zu inkludieren und nicht nur ein zwar zahlungskräftiges, aber mengenmäßig kleines Klientel. Umgekehrt gilt: Ein Gesundheitswesen, das Patienten und ihre speziellen Fragestellungen selektiert, weil sie es sich nicht leisten können, schadet sich auf Dauer selbst.

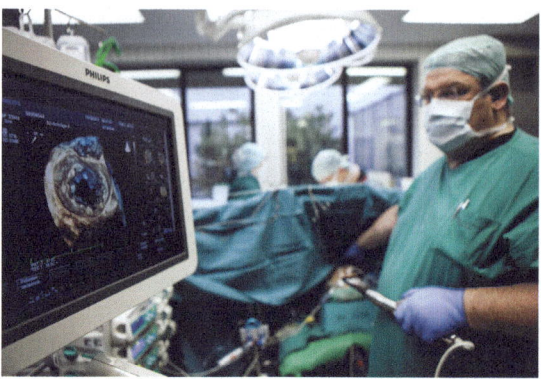

Abb. 2 Hybrid-OP-Saal, Herz- und Gefäßklinik Bad Neustadt (Saale)

2.2 Warum die USA Kein Vorbild sind

Machen wir es konkret: In den USA genießen einige Reiche die Segnungen der Hochleistungsmedizin; sie könnten aber – davon bin ich überzeugt – noch viel stärker davon profitieren, wenn nicht viele Millionen Kranke von diesem Gesundheitssystem ausgeschlossen blieben. Auch wenn das für „Ethiker" unangenehm ökonomisch klingen mag: Auch ein Krankenhaus braucht möglichst viele Patienten, damit alle wichtigen medizinischen Fragestellungen überhaupt erst aufgeworfen werden. Anders formuliert: Medizin ohne Krankheiten ist sinnlos, und Reiche haben schlicht zu wenige Krankheiten, als dass es sich lohnen würde, den gewaltigen Apparat eines Krankenhauses für eine selektierte Gruppe aufrechtzuerhalten. Es gilt der alte Grundsatz: Ohne die Behandlung der Untertanen, ist der Leibarzt des Königs nur ein Scharlatan. Ein Chefarzt, der eine hochkomplexe Operation nur zehn Mal im Jahr ausführt, ist wahrscheinlich schlechter darin als einer, der dazu hundert Mal im Jahr die Gelegenheit hat. Zu Ende gedacht bestünde die Professionalität des Arztes, der wenig operiert, darin, dem Patienten das Händchen zu halten und ihn *glauben* zu machen, er wäre der Beste seines Fachs. Doch tatsächlich fehlt ihm die Erfahrungs- und Wissensvermehrung, die er aus den 90 Prozent der nicht behandelten Patienten hätte ziehen können. Im Grunde genommen ist das eine banale Feststellung, deren Wahrheitsgehalt aber jeder schon oft erfahren hat. Ich selbst habe, als ich als junger Mann zunächst das Handwerk des Müllers erlernte, bestimmt in 5.000 Weizensäcke gegriffen und konnte deshalb irgendwann den Wassergehalt des Weizens auf ein Zehntel Prozent genau schätzen – man nennt das Berufserfahrung. Auf den Krankenhausbereich übertragen spricht vieles dafür, dass die Mehrkosten einer ausgedünnten Versorgung (wie in den USA) größer sind als die Kosten der Umverteilung, um mit einem intelligenten System allen Bürgern eine gute Versorgung anzubieten. Ich bin mir jedenfalls sicher, dass Vollversorgung in der Summe preiswerter sein kann als segmentierte Eliteversorgung, und wenn man die teilweise enormen „Fallpreise" in den USA mit unseren vergleicht, drängt sich diese Erkenntnis geradezu auf.

An dieser Stelle bietet sich ein Exkurs nach Indien an, wo der Chirurg Devi Shetty 19 Kliniken mit 13.000 Betten betreibt[9], und über den der „Spiegel" ausführlich berichtete. Das „Wall Street Journal" nannte den 60-jährigen Shetty, der mehr als 30.000 Patienten operiert haben soll, einmal den „Henry Ford der Herzchirurgie", weil er die Grundsätze der Massenproduktion auf die Medizin überträgt und dadurch radikal die Kosten senken kann. An seinem Hauptsitz in Bangalore wird an sechs Tagen in der Woche operiert, an der 1.000-Betten-Herzklinik zum Beispiel bringen es die Chirurgen auf mehr als 30 Eingriffe pro Tag, im Jahr sind das mehr als 11.000 Herzoperationen. Eine Koronararterien-Bypass-Operation beispielsweise kostet dort im Schnitt 1.500 Euro, in Deutschland liegt der Preis bei etwa 12.000 bis 17.000 Euro, in den USA bei 15.000 bis 30.000 Euro. Viel entscheidender aber ist der Vergleich mit anderen Anbietern in Indien, die Devi Shetty etwa um die Hälfte unterbietet. Damit ist für viele Tausend Menschen jedes Jahr plötzlich eine Operation möglich, auf die sie sonst aus Geldmangel hätten verzichten müssen. Man könnte es auch so sagen: Weil er als „Henry Ford der Herzchirurgie" und anderer medizinischer Disziplinen ökonomische Regeln anwendet, gilt Shetty in Indien auch als „Chirurg der Armen". Der „Spiegel" schreibt richtigerweise: „Shetty schafft dies dank einer Ökonomie der großen Zahlen" und zitiert ihn mit dem Satz: „Indien bringt eine riesige Menge Ärzte und medizinische Fachleute hervor. Wir haben zudem die meisten Kranken und finden deshalb Lösungen, die für die ganze Welt gut sind. Indien kann in zehn Jahren Weltmarktführer der globalen Gesundheitsindustrie sein." Manche mögen bei dem Begriff „Gesundheitsindustrie" zusammenschrecken, aber sie müssen zur Kenntnis nehmen, dass Shetty dadurch Menschen behandeln kann, die sonst nie eine Chance auf eine Operation hätten. Das Ambiente in Shettys Kliniken mag „schmucklos" sein und gemessen an deutschen Verhältnissen „billig" wirken, schlecht ist die Medizin deshalb nicht: „Die Klinik in Bangalore ist von der angesehenen Joint Commission International (JCI) akkreditiert. Die JCI-Kriterien werden vor allem in der Ersten Welt, auch in Deutschland, als Basis für die Zertifizierung von Gesundheitseinrichtungen verwendet. In Entwicklungsländern gelingt es nur wenigen Einrichtungen, das JCI-Gütesiegel zu bekommen." Bis 2018 will Devi Shetty sein Unternehmen auf 30.000 Betten ausbauen, er will nach Afrika, Südamerika, sogar nach Europa expandieren

---

[9] Vgl. Mingels (2013).

und plant schon 2014 die Eröffnung eines Hospitals auf den Cayman Islands, das vor allem US-Amerikaner ansprechen sollen. „Wir möchten den Amerikanern mit ihrem absurd ineffizienten Gesundheitswesen zeigen, was heute möglich ist", sagt der Arzt und Unternehmer.

Das US-amerikanische Gesundheitswesen hat ausdrücklich nicht die Breitenversorgung zum Ziel, sondern die Versorgung von Hochpreis-Patienten, die Forschung war immer auf einzelne Spitzenleistungen ausgerichtet und nicht auf die breite und damit auch soziale Verfügbarkeit. Wartelisten für Millionen von Menschen sind dort längst in die endgültige Angebotsverweigerung übergegangen, ein ähnliches Bild zeigt sich übrigens in Großbritannien. Man kann aber nicht selektiv einen Anspruch auf bestimmte Bedingungen erheben, sie anderen jedoch absprechen und dennoch glauben, dass sich auf diese Weise das notwendige breite Knowhow für eine bestimmte Fragestellung herausbildet. Um es klar zu sagen: Wenn wir es ablehnen, die Krankheiten der „unteren Klassen" zu therapieren, weil es ökonomisch nicht lohnend erscheint, wird das dann nicht aufgebaute Know-how fehlen, um auch die „oberen Klassen" effektiv zu behandeln. Aus diesem Grund ist weder ein Zwei-Klassen-System noch das amerikanische Selektionssystem überlegen und kann für uns kein Vorbild sein. Deutlich werden die Mängel des amerikanischen Modells an folgenden Zahlen: Zwar liegen die Patienten dort wesentlich kürzer im Krankenhaus als bei uns, trotzdem sind die durchschnittlichen Krankenhauskosten je Patient in den USA etwa doppelt so hoch; das hat mit der mangelnden Rationalisierung zu tun, aber auch damit, dass Kliniken auch Patienten ohne Versicherung oder mit nicht ausreichender Versicherung im Notfall behandeln müssen und sich die ungedeckten Kosten durch Quersubventionierung von den anderen Versicherten holen.

Diese Logik kann man übrigens auch in anderen Branchen beobachten, etwa in der Automobilindustrie. Sie behauptet gerne, hochpreisige Autos mit ihren vielen technischen Raffinessen wären der Garant dafür, dass diese Innovationen später auch einmal in Massenautos zum Einsatz kommen. Tatsächlich ist es jedoch genau umgekehrt: Hätten die Hersteller nicht die Aussicht, die sehr teure Entwicklung dieser Innovationen durch die massenhafte Verwendung in kleinen und mittleren Autos später zu refinanzieren, würden es die Ideen der Ingenieure wohl nie bis in die Entwicklungsphase schaffen; nur weil sich die technischen Neuerungen durch die Massenfertigung auch ökonomisch auszahlen, erreichen sie jenen Reifegrad, der sie für den Einbau in sehr teure Autos tauglich macht.

In der Medizin kann man vergleichbare Muster finden. AIDS zum Beispiel war für die Pharmaindustrie so lange kein besonders interessantes Thema, wie die nachweislich falsche Meinung vorherrschte, davon wären nur Randgruppen betroffen, die im Zweifelsfall nicht zu den zahlungskräftigen Schichten gehören. In den medizinischen Fokus rückte AIDS erst dann, als man sich schrittweise von dieser falschen Wahrnehmung löste und feststellte, dass es jeden treffen kann – erst dann wurden die nötigen Forschungsmittel investiert. Ähnliches kann man auch bei bestimmten Seuchen und Grippen beobachten.

Somit wird deutlich, warum es für mich undenkbar ist, Lösungsansätze, die letztlich aus einer völlig anderen gesundheits- und sozialpolitischen Zielrichtung kommen, bei uns anwenden zu wollen. Der Vergleich beider Systeme ist ein Vergleich zwischen Äpfeln und Birnen, eine Übertragung des amerikanischen Systems würde unser Versorgungssystem, das eher auf hochwertige Breiten- als auf Spitzenversorgung ausgelegt ist, unweigerlich zerstören, mithin die Volksgesundheit und den sozialen Frieden gefährden. Die Reichen wären deshalb ziemlich kurzsichtig, wenn sie dafür plädierten, das hiesige System nach US-amerikanischem Muster umzubauen. Der Nutzen der medizinischen Entwicklung für alle liegt ganz wesentlich darin, dass es auch zukünftig gelingt, die gesamte Pyramide der Bevölkerung und damit die gesamte Pyramide der Erkrankungen im System zu betreuen: Gesundheitsdienstleistungen müssen für jedermann verfügbar und für jedermann bezahlbar sein.

Abb. 3 Klinisches Ethik-Komitee im Gespräch, Klinikum Frankfurt (Oder)

2.3 Unser Grundsatz: „Rationalisierung vor Rationierung"

Die Rhön-Klinikum AG ist auf dem Boden des Bismarckschen Sozialsystems entstanden, und wir sind Verfechter der daraus resultierenden Flächenversorgung. Unser unternehmerischer Ansatz war von Anfang an, Krankenhausleistungen durch Kostendegression so verfügbar zu machen, dass der niedrige Preis – er liegt etwa ein Drittel unter jenem vergleichbarer Anbieter – hohe Nachfragemengen ermöglich. Mit anderen Worten: Wir können die steigenden Patientenzahlen durch die Rationalisierungserfolge ausgleichen und damit den sozialen Ansatz des Systems erhalten. Unser wichtigster Grundsatz lautet: „Effizienzsteigerung (= Rationalisierung) geht vor Leistungsverminderung (= Rationierung)", das bedeutet: Über Prozessorganisation und Investitionen werden ressourcenverschwendende Verfahren durch solche ersetzt, die mit den vorhandenen Mitteln eine größere Leistungsmenge zulassen. Die größere Leistungsmenge wiederum ergibt sich – ob wir es wollen oder nicht – aus dem steigenden Alter der Bevölkerung und dem Fortschritt in der Medizin.

Bei privaten Betreibern wie uns verstärkt sich das Motiv für diese Vorgehensweise noch dadurch, dass sie für effizienten Ressourceneinsatz mit unternehmerischem Gewinn belohnt werden. Da aber Gewinn, insbesondere bei getätigten Investitionen, nur unter Nachhaltigkeitsgesichtspunkten gesehen werden kann, wird der kluge Krankenhausbetreiber Ressourceneinsparungen, die zu Lasten seines Rufes gehen oder seine Marktstellung gefährden, tendenziell vermeiden. Man kann die Aussage, „wir wollen Gewinn erzielen" sehr eindimensional auslegen und dahinter nur die am Profit interessierten Eigentümer sehen. Die viel entscheidendere Frage ist jedoch die nach der Gewinnverwendung. Gewinn lockt weiteres Kapital an und dient über Investitionen der Existenzsicherung des Unternehmens – das ist es, was Aktionäre, Mitarbeiter und natürlich auch die Patienten viel mehr interessiert als die doch wenig aussagekräftige Feststellung, dass wir Gewinnerzielung anstreben.

Gewinnorientiert und deshalb seit vier Jahrzehnten wachsend und auf stabilen Säulen stehend hat die Rhön-Klinikum AG 2012 einen Rekordumsatz von knapp 2,9 Milliarden Euro erzielt und mit 2,5 Millionen gesetzlich und privat versicherten Patienten mehr Menschen behandelt als je zuvor. Auch an dieser Zahl ist ablesbar, dass der Leitsatz „Bezahlbare Spitzenmedizin für Jedermann" kein inhaltsleerer Werbespruch ist, sondern gelebte Realität in unserem Unternehmen mit seinen 16.000 Betten an 43 Standorten und in 90 Einrichtungen vom ambulanten Versorgungszentrum bis zur Universitätsklinik, vom Basisversorger bis zum hoch spezialisierten Fachklinikum wie dem Herzzentrum Leipzig, einem Flaggschiff des Konzerns. Mit dieser in Deutschland einzigartigen Spannweite erbringen die 43.000 Mitarbeiter Spitzenmedizin an 365 Tagen im Jahr und für jedwede medizinische Fragestellung, auch und gerade in ländlichen Gebieten. Und dabei spielen weder Gewinnerwartung noch mögliche Behandlungskomplikationen eine Rolle: Die unselektierte Patientenaufnahme ist bei uns eine „Heilige Kuh".

Als Pionier des privaten Krankenhausmarkts, so sehen uns viele, haben wir gelernt, alle Stufen und Formen von Krankenhäusern so zu führen, dass wir bereits heute durchgängig in der Lage sind, die bei öffentlich-rechtlichen Konkurrenten nicht enthaltenen Investitionen zu finanzieren, obwohl unsere Leistungsvergütungen auf dem unteren Niveau der bundesdeutschen Durchschnittspreise angesiedelt sind. Und es mangelt heute nicht an Beweisen – ob bei uns oder anderen privaten Anbietern – dass Ergebnismaximierung und somit Reinvestitionsfähigkeit zu höherer Qualität für Patienten führt und eben auch zu langfristig bezahlbaren Leistungen.

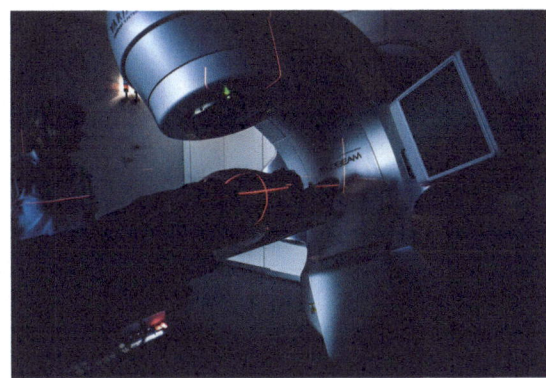

Abb. 4 Strahlentherapie, Zentralklinik Bad Berka

2.4 Erfolg durch Regelbrüche

Im Rückblick erscheint es wie aus einer anderen Zeit und fast schon ein wenig kurios, wie die heutige Rhön-Klinikum AG entstehen konnte. 1970 hatte ich mein Studium der Betriebswirtschaftslehre abgeschlossen und mich für Jura eingeschrieben, um einmal als Wirtschaftsjurist tätig zu sein; nebenher arbeitete ich für einen Steuerberater, der Abschreibungsprojekte verkaufte, darunter auch ein Kurhotel im Bayerischen Wald, das im Rohbau steckengeblieben war – das Eigenkapital war weg, die Konzeption untauglich. Das Projekt erschien mir als eine interessante Unterbrechung meines Studiums und wurde eine erfolgreiche Sanierung, die ich 1974 verließ, um weiter zu studieren und meine Examen zu machen. Durch Zufall geriet ich an ein neues Projekt, bei dem mein Rat als Sanierer gefragt war – es handelte sich um ein ebenfalls am Abgrund stehendes, noch größeres Abschreibungsunternehmen mit 1.500 Apartments in Bad Neustadt. Mit vollmundigen Versprechungen waren dort Investoren angelockt worden, die nur zu gern geglaubt hatten, ihre Chance zur billigen Vermehrung ihres Kapitals hätte nichts mit Risiko zu tun. Die Herausforderung war zu verlockend, um sie abzulehnen. So ging ich 1974 nach Bad Neustadt mit dem Auftrag, das konzeptionell gescheiterte Großprojekt entweder neu zu erfinden oder abzuwickeln. Millionen von Mark waren sinnlos verbaut worden, das Eigenkapital war zum großen Teil weg. Es gelang uns schließlich, die leerstehenden Gebäude für eine psychosomatische Klinik zu nutzen, in der wir bewusst gegen damals geltende fundamentale Regeln der analytischen Psychotherapie verstießen, indem wir mehr als 200 Betten in einem Hochhaus unterbrachten. Die Erkenntnisse aus der Psychotherapie führten bald zur Infragestellung von Integrationsmodellen auf einem ganz anderen Feld des menschlichen Zusammenlebens: Wir entwickelten eines der größten Integrationsinstitute in Deutschland mit weit über 20.000 teilnehmenden Aussiedlern. Dabei stand – und das war damals ein Tabubruch – nicht das soziale Hegen der Menschen im Vordergrund, sondern ihre zielgerichtete Ausbildung. Daraus entwickelten sich neue Formen der Suchtbehandlung und Ende der 1970er Jahre eine neue Art der Schlaganfalltherapie. Bei den Schlaganfallpatienten führten wir erstmals „Flussstrukturen" in die Behandlung ein, zum Beispiel dadurch, dass Patienten, die in ihrem Genesungsprozess Fortschritte machten, in das nächste wohnlichere Stockwerk verlegt und so zum aktiven Mitarbeiten angeleitet wurden. Das alles geschah in einer Zeit, in der Aktivierungsbehandlungen für diese Patienten in weiten Teilen der Medizin als Teufelswerk galten, als die Krankenkassen und Rentenversicherungsträger oft nur durch die Kraft des Faktischen und enorme Vorleistungen von uns überzeugt werden konnten.

Der Erfolg, den wir mit diesen Regelbrüchen erzielten (gemeint ist damit natürlich nicht die Infragestellung des Rechtsstaats, sondern der Angriff auf unfaire Behinderungen und Gewohnheiten), ermunterte uns geradezu zu weiteren Regelbrüchen in anderen Arbeitsfeldern der medizinischen Versorgung, in denen wir enorme Leistungsdefizite erkannten. So bauten wir 1984 auf der „Grünen Wiese" mit privaten Mitteln und ohne jegliche staatliche Förderung für Gebäude und Ausstattung die private Herz- und Gefäßklinik in Bad Neustadt – ein Projekt, für das man uns anfangs nur belächelte und dem man sowieso das baldige Ende prophezeite. Mit der Herz- und Gefäßklinik haben wir – durchaus Aufsehen erregend – gegen die Regel „Spitzenmedizin gehört an die Universität" verstoßen und die Krankenhausplanung radikal verändert, indem wir erneut das Flussprinzip zur Anwendung brachten. Dieses Prinzip, das wir 1995 auch auf unsere Allgemeinklinik im benachbarten Meiningen (Thüringen) übertrugen, fand später viele „Nachfinder", die aber den wahren Kern dieses Konzepts oft nicht wirklich verstanden oder schlecht umsetzten.

2.5 Das Flussprinzip im Krankenhaus

Das Flussprinzip ist nichts anderes als die Beschreibung des optimalen Weges des Patienten vom kranken in einen höherwertigen Gesundheitszustand und umfasst demzufolge sämtliche Stufen von Low Care/Tagesklinik (gehfähig und orientiert) über Intermediate Care (bettlägerig, pflegebedürftig und permanent überwachungspflichtig) bis zu Höchstintensiv (nicht selbstständig atemfähig). Auf jeder Stufe der Betreuungsintensität bleibt der Patient nur so lange, wie er diese Betreuung auch wirklich braucht. Einen ehemaligen Intensivpatienten auf der Intensivstation zu lassen, obwohl er nur noch beobachtet werden muss, ist Ressourcenverschwendung; stattdessen verlegen wir ihn auf eine Station, auf der er vielleicht schon selber am Tisch sitzen und essen kann und nicht mehr ständig Pflegekräfte um sich herum braucht. Das Teure im Krankenhaus ist oftmals nicht die eigentliche medizinische Behandlung, sondern das „Drumherum" aus personellen und technischen Vorhaltungen, die nicht genutzt werden. Zudem verkürzen wir alle Wege bei der Betreuung rigoros, indem solche Bereiche und Abteilungen nebeneinander eingerichtet werden, die häufig miteinander zu tun haben. So werden Engpässe, insbesondere jene in den Intensivabteilungen, beseitigt, die jeweilige Arbeit am und mit dem Patienten wird nur dort geleistet, wo die besten Voraussetzungen dafür bestehen. In unseren Augen gibt es nichts Schlimmeres, als einen Patienten am falschen Ort mit den falschen Gerätschaften zu behandeln: Im OP wird der Patient operiert, auf der Intensivstation wird er beatmet, und in der Low-Care-Station wieder für das Leben außerhalb des Krankenhauses vorbereitet. Deshalb liegt in den Häusern der Rhön-Klinikum AG der Anteil der Intensivbetten etwa drei- bis fünfmal höher als in anderen Krankenhäusern; sind die Intensivstationen zu klein dimensioniert, ist die Folge oft teure und schlechte Improvisation. Der gleichen Philosophie, nur mit Zielrichtung auf gering pflegebedürftige Patienten, folgen unsere Konzepte in den Low-Care-Stationen. Das Flussprinzip macht also aus der qualitativen Entwicklung der Patienten in Richtung „gesünder" oder „kränker" eine quantitative Bewegung, die an jeder einzelnen Verweilstation gemessen werden kann. Auf der Kostenseite führt diese Praxis je nach dem Grad der Verwirklichung regelmäßig zu Einsparungen von 20 bis 35 Prozent gegenüber dem Branchendurchschnitt.

2.6 Diagnose vor Therapie

Das angewandte Flussprinzip sichert zwar optimale Qualität und Rationalität im *einzelnen* Krankenhaus, nicht jedoch im *Gesamtsystem* Gesundheitswesen. Dort gibt es immer noch die große Schwachstelle Fehlbelegung, die durch unqualifizierte Aufnahme und unqualifizierte Zuweisung zur Über-, Unter- oder Fehlversorgung von Patienten führt und damit zu teilweise erheblichen medizinisch-qualitativen und wirtschaftlichen Nachteilen. Das heutige Krankenhaus folgt leider zu selten dem Grundsatz „Diagnose vor Therapie"; das bedeutet, dass die eigentliche Kompetenz des Hauses erst an den Patienten kommt, wenn er sich bereits mitten im Leistungsprozess befindet. Und häufig beginnt der Diagnoseprozess nicht mit dem medizinisch Sinnvollen, sondern hangelt sich vom Billigsten zum Teuersten. Dieses stereotype Verhalten führt zu immensen Ressourcenverschleuderungen und oft auch zu Fehldiagnosen. An verschiedenen Stellen im Rhön-Klinikum-Konzern arbeiten wir deshalb zum Teil schon seit vielen Jahren an neuen Konzepten, um die ambulante und die stationäre Versorgung nachhaltig zu verzahnen und so Fehlbelegungen zu vermeiden. Kernidee dieser Konzepte ist es, die Patienten je nach Schweregrad entweder in der ambulant-stationären Grund- und Regelversorgung oder in der Schwerpunkt- und Maximalversorgung aufzunehmen:

Die ambulant-stationäre Grund- und Regelversorgung ist in unserem Ansatz eine Verbundversorgung aus Portalkliniken und Medizinischen Versorgungszentren (MVZ). Die Ärzte dort sind nicht mehr notwendigerweise unsere eigenen Angestellten, sondern können ihren Kassenarztsitz in eine Beteiligung an der lokalen Einrichtung umwandeln. Die MVZ, die der Gesetzgeber seit Anfang 2004 erlaubt – wovon die Rhön-Klinikum AG unter anderem in Friedrichsroda und in Waltershausen Gebrauch gemacht hat – vereinen mehrere medizinische Fachdisziplinen unter einem Dach und gewährleisten dadurch eine fachübergreifende qualifizierte Diagnostik. Doppeluntersuchungen und unnötige Wartezeiten wegen eines zusätzlichen Facharztbesuches werden so vermieden oder minimiert. Durch die Anbindung an ein örtliches Krankenhaus werden die Patientenwege noch einmal deutlich kürzer.

In großen Krankenhäusern mit Schwerpunkt- und Maximalversorgung, die über eine ausreichende Zahl von Fachbereichen verfügen, kann sich das Diagnosezentrum aus den vorhandenen Disziplinen rekrutieren; gegebenenfalls wird es um einige wenige niedergelassene Ärzte in den Randdisziplinen ergänzt. Durch dieses interdisziplinäre Diagnostikum gleich zu Beginn des Prozesses wird der Patient der richtigen Versorgungseinheit zugeordnet und erspart sich – und der Klinik – unnötige (Doppel)-Untersuchungen und überflüssigen Pflegeaufwand. Ein solches Diagnostikum ist Basisstation für die Arbeitsvorbereitung, die Qualitätssteuerung und das Controlling der patienten- und prozessorientierten Betriebsführung. Als zentrale Datensammelstelle und Informationspool ermöglicht es fundierte Hochrechnungen über zukünftige Auslastungen und erlaubt ein effizienteres Leerkostenmanagement. Seine horizontal angelegte Teamstruktur bricht herkömmliche Hierarchien auf und forciert die interdisziplinäre Zusammenarbeit. Damit wird ein neuer Weg zu einer offenen Allianz der Leistungsträger eröffnet. Und damit gehört auch der bedauerliche Regelfall der Vergangenheit an, bei dem der Patient in der Diagnostikphase seinen Hausarzt oder einen nach Daumen und Nase ausgesuchten Facharzt aufsucht und dann an jener Stelle landet, an der die geringste Kompetenz für die Komplexität des Systems besteht. Immer noch werden viel zu häufig „laute" Leichtpatienten in die nächste Universitätsklinik eingewiesen oder besonders komplexe Krankheitsbilder nicht erkannt und am falschen Platz weiterbehandelt – beides mit enormen negativen Konsequenzen für den Patienten sowie für das gesamte System.

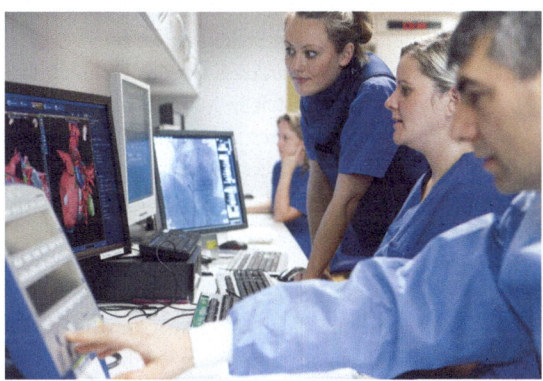

Abb. 5 Teamarbeit im Herzkatheterlabor, Klinikum Frankfurt (Oder)

Ein wichtiger Bestandteil dieses Konzepts sind unsere Betreuungsärzte, die den Patienten im wahrsten Sinne des Wortes „an die Hand" nehmen und durchgängig im System begleiten: Sie klären über Optionen und Risiken auf, stellen den Patienten bei Bedarf Fachärzten vor oder leiten die diagnostischen Maßnahmen ein; nach Rücksprache mit dem Patienten holen sie auch externe Kompetenz ein; bei Bedarf organisieren sie die Weiterleitung des Patienten in die Schwerpunkteinrichtung; nach erfolgreicher Behandlung im Schwerpunktbereich organisieren sie Nachbehandlungen, Hausbesuche oder Rehabilitation. Die Betreuungsärzte erfüllen die ärztlich-menschliche Funktion, die umso notwendiger ist, je höher der Rationalisierungsgrad des Systems steigt. Die neue arbeitsteilige Medizin darf auf diese kompetente, menschlich-fachliche Klammer nicht mehr verzichten.

2.7 Das Ende der Krankenhausmanufaktur

Mit der Einführung des Flussprinzips und der Installierung interdisziplinärer Diagnostikzentren in den Krankenhäusern des Rhön-Klinikum Konzerns haben wir nicht einfach nur Neuerungen im Sinne von Prozess- und Organisationsoptimierungen etabliert. Vielmehr haben wir ganz bewusst eherne Regeln verletzt und Tabus gebrochen, weil wir davon überzeugt sind, nur durch solche Radikalität einer Lösung der drängenden Probleme im Gesundheitswesen näherzukommen. Es handelt sich um die bekannte „schöpferische Zerstörung", wie sie auch Joseph Schumpeter als Voraussetzung für jede qualitative ökonomische Entwicklung beschrieben hat; in der Rhön-Klinikum AG stellten und stellen wir uns immer wieder aufs Neue die Frage: „Muss das, was ich sehe, so sein wie es ist, oder ist es nur so, weil es Nutznießer gibt, die es so erscheinen lassen?"

Eine andere Regelverletzung bestand sicher darin, dass wir in der Vergangenheit weitgehend auf Zuschüsse der öffentlichen Hand für den Bau von Krankenhäusern verzichtet und uns so neue Handlungsspielräume geschaffen haben, weil wir damit den Einfluss der staatlichen Stellen auf unsere Vorhaben begrenzen konnten. Eine weitere Regelverletzung war, dass wir das Krankenhaus in seiner bis dato gültigen Konstruktion als vorindustrielle Manufaktur auflösten und damit auch das traditionelle Berufsbild des Arztes dekonstruierten. Betrachtet man das Krankenhaus alter Prägung, stellt es sich als ein Ort dar, an dem Ärzte in der Manier von „Künstlerhandwerkern" eine Art Haufenorganisation entlang der verschiedenen Organ- und Krankheitsbilder bilden, jeweils mit festen hierarchischen Strukturen um sich herum, aus denen heraus ihnen mehr oder weniger blind zugearbeitet wird. Aber die enormen Handlungsfreiräume der leitenden Ärzte führen immer wieder dazu, dass sie Dinge tun, die sie zu selten tun, um sie professionell ausüben zu können; es ist keine übertriebene Zuspitzung, wenn man formuliert, dass Ärzte in diesen Situationen improvisieren. Der SPD-Gesundheitsexperte Karl Lauterbach, selbst Mediziner, Gesundheitsökonom und langjähriges Mitglied unseres Aufsichtsrats, hat unlängst kritisiert: „Unser Hauptproblem ist, dass in den Krankenhäusern fast jeder Fall so behandelt wird, dass man sagen kann: Es wird improvisiert." Ursache dafür sind zum Beispiel fehlende Checklisten zur Ausstattung im OP vor dem Eingriff, mangelnde Orientierung an Standard-Behandlungsschritten und Schwächen in der Organisation. Nur so ist zu erklären, dass es in Deutschland Krankenhäuser gibt, deren Mortalitätsraten bei vergleichbaren Eingriffen zwischen 0,8 und mehr als zehn Prozent variieren. Das heißt weiter, dass nicht nur der verstorbene Patient – die Formulierung sei mir verziehen – möglicherweise Ergebnis einer mangelnden Qualität ist, sondern dass in dem betreffenden Krankenhaus vermutlich auch die Qualitätskurven anderer Patienten mit anderen Eingriffen schlechter sind. Zwei-

2.7 Das Ende der Krankenhausmanufaktur

fellos ist jede Qualitätsminderleistung zuerst für den Patienten ein Problem, aber natürlich auch für das Krankenhaus selbst, weil jeder Fehler durch erhöhten, und eben oft improvisierten Aufwand ausgebügelt werden muss. Ein weiteres Problem des „alten" Krankenhauses ist, dass es dem Patienten nur zwei Hospitationsstufen anbietet, nämlich die Operations- einschließlich der Intensivebene sowie die Normalstation. Damit ist der Vielfältigkeit eines Patientenzustandes aus meiner Sicht unmöglich Genüge zu leisten.

Noch alarmierender wird der Befund, wenn man sich bewusst macht, welche Mengenzuwächse die Kliniken mit diesen überkommenen Strukturen in Zukunft „bewältigen" sollen. Im Vergleich zum Jahr 1910 haben wir schätzungsweise eine Verzehnfachung der Patientenzahlen und eine vielleicht tausendfache Vermehrung und Ausdifferenzierung ärztlicher Einzelleistungen; die Struktur der Leistungserbringung ist aber im Wesentlichen dieselbe wie vor vielen Jahrzehnten. Auf den Mengenzuwachs – zum Beispiel weil immer mehr ältere Menschen nach einer neuen künstlichen Hüfte oder künstlichen Knien verlangen – reagieren diese Strukturen wie immer, nämlich mit einer Stärkung des betroffenen Einzelsegments, das dadurch noch mehr an Autarkie gewinnt. So entstehen autonome Kliniken im Klinikum mit immer mehr Leistungsvorhaltung und Leistungserbringung an Stellen, die dafür nur bedingt geeignet sind. Und weil damit automatisch Besitzstandsbildung einhergeht, finden strategisch-organisatorische Veränderungen zur Anpassung an die neue Lage nur völlig unzureichend statt: Die interdisziplinären Anforderungen des Gesamtsystems werden nicht erfüllt, die Krankenhäuser (und ebenso ihre Ausbildungsstellen, die Universitäten) bleiben in der Entwicklung arbeitsteiliger Prozesse zurück. Die Folge sind enorm teure Reibungsverluste zwischen den Leistungsclustern. Mit einem Satz: Das System ist seiner Aufgabe nicht mehr gewachsen, die Massennachfrage nach hochwertigen und bezahlbaren Gesundheitsdienstleistungen flächendeckend zu bedienen.

Das „Krankenhaus der Zukunft" nach unserem Konzept löst beides – die verkrusteten Strukturen der unproduktiven Haufenorganisation sowie die Engpässe der unzureichenden Zweistufigkeit der Hospitation. Es ersetzt die Orientierung an den ärztlichen „Künstlerhandwerkern" durch die konsequente Ausrichtung der Ablauforganisation am Patientennutzen: An jedem beliebigen Punkt des Patientenverlaufs stehen exakt diejenigen Leistungen in höchster Professionalität zur Verfügung, die der Kranke in seinem jeweils aktuellen Zustand benötigt; aus den Leistungsclustern, die bisher wie Burgen organisiert waren, sind Leistungsstraßen geworden, die mit den benachbarten Disziplinen kooperieren und von ihnen lernen.

2.8 Das Ende des ärztlichen Berufsbilds

Es liegt auf der Hand, dass angesichts solcher Veränderungen auch das traditionelle Berufsbild des Arztes nicht weiter bestehen kann. Man muss sich nur das gewandelte Bild des ersten Arztes vergegenwärtigen, der als Helfer in einem Hospiz unter der Leitung einer Oberin arbeitete, und der sich dann – mit ständig steigenden Anforderungen an Spezialwissen und Fertigkeiten – zur medizinischen Koryphäe entwickelte, ausgestattet mit jener enormen Machtfülle, wie sie ein Rudolf Virchow und andere Persönlichkeiten verkörperten. Durch ihren Stand waren Ärzte – sie verwendeten dabei wie die Kirche die Herrschaftssprache Latein – in einer quasi absolutistischen Position gegenüber den Patienten. Doch jetzt steht nicht weniger an als der Wandel vom „Künstlerhandwerker" und vom „Priester des Systems", der nahezu frei nach eigener Eingebung schalten und walten konnte, zum dienenden Massenversorger. Das Wort vom „Massenversorger" mag manche erschrecken. Kritiker halten uns vor, die Anwendung des Flussprinzips und anderer Konzepte, die aus der Industrie stammen, sei Fordismus im Krankenhaus und deshalb abzulehnen. Doch daran ist in Wahrheit nichts Erschreckendes, wenn man die Industrialisierung im Krankenhaus als eine Dienstleistung versteht, die alle Stufen von der handwerklich gestalteten und zusammengefügten Einzelleistung bis hin zum vielfältig strukturierten, hoch rationalisierten und automatisierten Prozess umfasst.

Nach 40 Jahren Erfahrung im Gesundheitssystem bin ich mehr denn je der Überzeugung, dass eine alternde Gesellschaft sich eine gute medizinische Versorgung nur noch über die Industrialisierung der Medizin leisten kann. Denn es ist genau dieser Fordismus, der zu optimierter Patientenorientierung und deutlich besseren medizinischen Ergebnissen führt. Auch mit der Fließbandproduktion von Pkws werden heute sehr individuell gefertigte Fahrzeuge erstellt – zum Vorteil des Kunden. Durch die erhöhte Anzahl von Schnittpunkten – das sind die so genannten Patientenübergabestellen – wird quasi automatisch eine permanente, systemimmanente Qualitätskontrolle angeregt: Jeder Mitarbeiter, der in das Flusskonzept eingebunden ist, reagiert, wenn er vor ihm liegende Schlechtleistung übernehmen soll und sorgt durch entsprechende Kommunikation für Abhilfe; die Frage, weshalb ein Patient in diesem und nicht einem anderen Zustand an den Kollegen übergeben wird, wird zur ständigen Aufforderung, die Leistung im realen Arbeitsprozess gemeinsam zu optimieren, anstatt durch Improvisation einen suboptimalen Ausweg zu suchen oder sogar Minderqualität zu verschleiern. Die interdisziplinären Strukturen des Flussprinzips lassen auf diese Weise ein sich selbst steuerndes Qualitätsmodell entstehen.

2.8 Das Ende des ärztlichen Berufsbilds

In diesen neuen arbeitsteiligen Strukturen, die mit einem synchronisierten Räderwerk vergleichbar sind, wird sich das Berufsbild des Arztes aufspalten. Es wird weiterhin – und immer mehr – der hochspezialisierten Ärzte bedürfen, ohne die moderne Medizin überhaupt nicht denkbar ist; sie werden ihre Kunst – und nur diese – an einem oder mehreren Plätzen ausüben. Daneben wird es Ärzte geben, die nicht mehr direkt am Patienten tätig sind, sondern als Betriebs- und Funktionalverantwortliche für den reibungslosen Lauf der hochkomplexen medizinischen Systeme sorgen; sie werden sicherstellen, dass zum Beispiel die elektronische Patientenakte den richtigen Einblick gibt und die notwendigen Antworten liefert, beispielsweise bei Hygienevorfällen/-verstößen. Und es wird den bereits beschriebenen „Betreuungs- und Compliance-Arzt" geben, wie wir ihn in der Rhön-Klinikum AG teilweise schon haben; er betreut seine Patienten mit Leib und Seele, ist ihr persönlicher „Agent" im Verhältnis zum mächtigen System Krankenhaus; er ist ein mit besonderer Kommunikations- und Empathiefähigkeit ausgestatteter Arzt, der dem Patienten übersetzt, was in diesem hochtechnisierten und hochspezialisierten Medizinbetrieb mit ihm geschieht oder geschehen soll.

Wie ein krankes Gesundheitssystem Wachstum verhindert

3

▶ Die zunehmend alternde Gesellschaft bietet die nicht wiederkehrende Chance, eine florierende Gesundheitswirtschaft zu entwickeln. Doch die steigende Nachfrage nach medizinischen konsumnahen Leistungen wird nicht in Rationalisierungsfortschritte mit fallenden Preisen umgemünzt. Stattdessen geht das System in Richtung Rationierung und Priorisierung und akzeptiert Qualitätseinbußen zulasten der Patienten.

Ich behaupte: So wie der Klinik-Verbund der Rhön-Klinikum AG seit Jahrzehnten profitabel wächst, so könnte auch die deutsche Gesundheitswirtschaft wachsen und zum neuen innovativen Motor und Aushängeschild der deutschen Volkswirtschaft werden. Ein anders aufgestelltes Gesundheitssystem könnte neue Therapien, Verfahren und Produkte hervorbringen, die beispielhaft für alle Industrienationen mit einer alternden Bevölkerung wären. Diese neuen Lösungen wären nicht nur ein Segen für Patienten in deutschen Krankenhäusern, sondern gleichzeitig ein Quell des Exports, der dem der heutigen Automobilindustrie und anderer Exportbranchen wohl kaum nachstünde. Aktuell liegt der Anteil der Gesundheitswirtschaft am deutschen Bruttoinlandsprodukt (BIP) bei ca. zehn Prozent; seriöse Schätzungen gehen davon aus, dass sich dieser Wert bereits bis zum Jahr 2040 auf 20 % verdoppeln könnte. In Deutschland würde durch ein anders strukturiertes Gesundheitssystem nicht weniger als ein „neues Wirtschaftswunder" mit zum Teil völlig neuen Wirtschaftszweigen entstehen.

Allein durch den medizinischen Fortschritt steigt die Nutzung medizinischer Leistungen jährlich schätzungsweise um zwei Prozent. Dazu gehören längst erfolgte oder anstehende „medizinische Durchbrüche" wie die Ballondilatation, bei der Gefäßverengungen einfach aufgedrückt und dadurch aufwändige und riskante Herzoperation überflüssig werden; ein solcher Durchbruch wäre auch die Partikeltherapie, mit der winzige Tumore behandelt werden können; oder eine vollautomatische wartungsfreie Insulinpumpe, die ständig das Profil prüft und jede

Schwankung sofort selbsttätig justiert; oder Hirnschrittmacher, die automatisch Depressionen beseitigen. Solche Quantensprünge sind allerdings eher selten und fast schon Nebenthemen im Vergleich zu den ständigen Verfahrensverbesserungen im medizinischen Alltag eines Krankenhauses.

Ein weiterer, auf sehr lange Zeit laufender Wachstumsmotor könnte die Alterung der Bevölkerung sein. Selbst wenn der demografisch hochgerechnete Bedarf nur zu zwei Dritteln erfüllt würde, ergäbe sich alleine dadurch ein Wachstum, das mit ein bis zwei Prozent pro Jahr stabil zu Buche schlagen könnte. Eine deutsche Gesundheitswirtschaft könnte der Welt zeigen, dass die wiedergewonnene Mobilität, die sie einer älter werdenden Bevölkerung durch medizinische Leistungen ermöglicht, in nichts dem nachsteht, was der VW Käfer und die deutsche Automobilindustrie vor vielen Jahrzehnten für ein etwas anders geartetes Mobilitätsbedürfnis geleistet haben. In unserer alternden Gesellschaft bietet sich heute *die nicht wiederkehrende Chance*, aus dem sozialen Gesundheitswesen des letzten Jahrhunderts eine moderne Gesundheitswirtschaft zu entwickeln, die als Teil einer neu definierten sozialen Marktwirtschaft echtes volkswirtschaftliches Wachstum generiert. Die derzeitigen Exporterfolge unserer Wirtschaft sind trügerisch. Früher verkauften wir Autos, jetzt Autofabriken. Deshalb wird es Zeit, die Herstellzentren und Technologien für den neuen Massenbedarf in der Medizin zu entwickeln. Die Probleme einer alternden Gesellschaft würden so gleichsam in eine Problemlösung verwandelt.

3.1 Was erzeugt medizinischen Fortschritt?

Der Vorstandsvorsitzende eines der größten Dax-Unternehmen sagte mir einmal, er sei sich mit der Kanzlerin einig darin, dass das Gesundheitswesen das entscheidende Wachstumsfeld für die nächsten Jahrzehnte sei. Mein Einwand, dass sich der Bedarf nach Leistungen bekanntlich erst in Umsatz und Wachstum niederschlägt, wenn dieser Bedarf auch mit der entsprechenden Kaufkraft unterlegt ist, wurde mit dem Satz kommentiert: „Das hat sich immer geregelt". Das ist – gelinde ausgedrückt – eine reichlich naive Vorstellung. In der Industrie wird der technische Fortschritt über Produkte finanziert, und zwar nur über solche, die tatsächlich verkauft werden, weil es Menschen gibt, die dafür bereit sind zu bezahlen. In der Medizin kann man dagegen oft den Eindruck gewinnen, als würde alles automatisch als Fortschritt angesehen, was das Leben eines Patienten verlängert und seinen Schmerz lindert; dabei fehlt in dieser Vorstellung schlicht der Patient, der diesen Fortschritt bestätigt, indem er sich entschließt, seine Kaufkraft dafür einzusetzen. Das Gesundheitswesen, wie es heute angelegt ist, kann kein dauerhafter Wachstumstreiber sein, solange es als ein Bereich volkswirtschaftlicher Kosten gilt, die quasi planwirtschaftlich reglementiert und umverteilt werden. Das herrschende

3.1 Was erzeugt medizinischen Fortschritt?

System lässt wegen seiner chronischen Unterfinanzierung medizinische Spitzenleistung immer weniger zu, es bremst die Nachfrage immer stärker aus und negiert damit die Gesetze der Massenproduktion. Die besagen aber auch in der Medizin: Eine gebremste Nachfrage verhindert Angebote, und verhinderte Angebote bedeuten unterlassene Entwicklungen, unterlassene Lösungen, verlorene Märkte, verlorenes Wachstum, verhinderte Arbeitsplätze.

Nehmen wir das Beispiel der Ballondilatation. Deren Erfinder war ein Deutscher, der das Verfahren aber eben nicht bei uns, sondern in den USA zur Anwendungsreife brachte und dort den Patienten anbot. Erst *nachdem* die Methode dort immer stärker zum Einsatz kam, wurde sie auch bei uns publik und schließlich auch von den Krankenkassen anerkannt. Dasselbe erlebten wir in Krankenhäusern der Rhön-Klinikum AG, als wir erstmals eine PET-Anlage und einen neuen Spiral-CT einsetzten: Die Geräte hatten entweder schon ihren „Käufertest" in den USA bestanden oder sie waren eine Investition, deren Risiko wir als Unternehmen trugen.

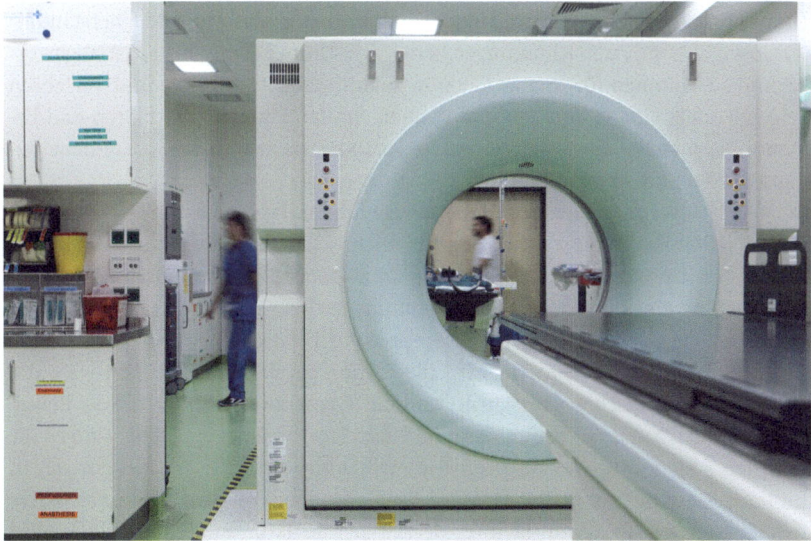

Abb. 6 Schockraum, Universitätsklinikum Gießen und Marburg, Standort Gießen

Im deutschen Gesundheitswesen ist es leider so, dass die Finanzierung oft erst dann erfolgt, wenn erhebliche Leistungen, die zuvor vom Leistungserbringer quasi verschenkt wurden, eine politische Wirkung erzeugen. Erst wenn ein echter politischer Anwendungsdruck entsteht, und das kann oftmals Jahre dauern, ist das System bereit, Entgeltregelungen zu schaffen. Tatsächlich kann bei uns jemand eine neue Methode oder ein neues Diagnose- oder Therapiegerät nur dann an den Patienten bringen, wenn er entweder den Einsatz unter einer anderen Abrechnungsziffer oder Fallpauschale laufen lässt oder den Einsatz selbst finanziert. Groteskerweise nimmt die Finanzierungsakzeptanz des Systems umso mehr zu, je mehr sich die Leistung oder das Gerät vom medizinischen Fortschritt entfernen. Es ist zum Beispiel überhaupt kein Problem, Leistungen abzurechnen, die mit einem alten Röntgengerät erbracht wurden, und das gilt selbst dann, wenn die Untersuchungen völlig nutzlos waren. Das ist doppelt ärgerlich, wenn man sich bewusst macht, dass technischer Fortschritt fast immer als Nebeneffekt Kostensenkungen bei den einzelnen Produkten zur Folge hat; und weil wegen der Preissenkung viel mehr Nachfrager bedient werden können, wird letztlich ein sozialer Anspruch erfüllt. Genau diesen Anspruch aber wird das deutsche Gesundheitswesen immer weniger einlösen können, wie die wachsende Tendenz zur Rationierung und Priorisierung zeigt.

Ich glaube, dass die Medizin nicht deshalb teurer wird, weil wir den medizinischen Fortschritt nutzen. Sie wird deshalb teurer, weil wir parallel Verfahren und Geräte von gestern einsetzen und nicht in der Lage sind, das Alte und Überständige abzulösen. Als privater Klinikträger haben wir Unmengen von Ballast abgeworfen und so Volumen für Investitionen in zukunftsträchtige Geräte und Verfahren freigeschaufelt. Nur so konnten und können wir den Patienten Verfahren und Erkenntnisse anbieten, die – wie man es in der Industrie ausdrückt – „dem neuesten Stand der Technik entsprechen".

Die falsch verstandenen Zusammenhänge führen dazu, dass maßgebliche Kräfte in der Politik glauben, man könne medizinischen Fortschritt steuern, indem man ihn an Universitäten als Forschungsanteil zulässt, um ihn anschließend per Entscheidung eines Bundesexpertengremiums und vor allem nach Kassenlage zu verbieten oder die Zulassung auszusprechen. In Deutschland, aber auch in den meisten europäischen Ländern, wird die Fiktion gepflegt, die Medizin wäre der Initiator für technischen Fortschritt, und das Gemeinwesen in Form von Politik oder Krankenkassen müsse ihn dann nolens volens finanzieren. Dabei sind es die Patienten – und zwar wie ausgeführt je mehr umso besser – die den Fortschritt mit ihrer Kaufkraft vorantreiben. Wird die Gesundheitswirtschaft – insbesondere für die Älteren – weiterhin in ihrer derzeitigen Struktur aufrecht erhalten, wird nicht nur ein großer Teil der Bevölkerung in seinem Verbraucherverhalten entmündigt, sondern das Wachstum in diesem Wirtschaftsbereich wird – sofern es überhaupt zugelassen wird – in die Plan- und Staatswirtschaft gelenkt. Die politisch Verantwortlichen müssen sich deshalb fragen, ob sie eine binnenwirtschaftliche Nachfrage von schätzungsweise zehn Prozent des Bruttosozialprodukts (das ist die

Differenz zu heute) verkommen oder wegrationieren lassen wollen, nur weil sich Interessensgruppen allzu häuslich im System eingerichtet haben.

3.2 Überdehnter Solidargedanke

Um zu verstehen, warum das deutsche Gesundheitswesen Nachfrage verhindert und damit auch medizinischen Fortschritt und Wachstum, muss man weit zurückschauen. Ich greife dafür gerne auf das Beispiel meiner Großmutter zurück, die in den Jahren nach 1900 15 Kinder zur Welt brachte; als Mitglied einer Familie von Mühlen- und Sägewerksbesitzern hätte sie sich die Inanspruchnahme ärztlicher Versorgung sicher leisten können, dennoch hatte sie zur Medizin und zu Ärzten so gut wie kein Verhältnis. Sie hat alle Kinder ohne Arzt auf die Welt gebracht, und selbst zum Sterben ging man nicht ins Krankenhaus, das tat man zu Hause. Das frühzeitige Einschalten der Medizin galt als Schwäche. Der Arzt wurde geholt, wenn ein Kind schwer krank war und man seinen Tod befürchten musste, oder wenn – was mitunter geschah – in der Sägemühle sich jemand ins Bein geschnitten hatte und zu verbluten drohte. Ich habe aus dieser Zeit keine Zahl über die Inanspruchnahme von niedergelassenen Ärzten oder Krankenhäusern bezogen auf die Bevölkerungszahl, ich bin mir aber ziemlich sicher, dass sie nicht einmal zehn Prozent der heutigen Versorgungsrealität entsprach.

Entsprechend dieser Versorgungsrealität waren die Bismarckschen Reformen und die gesetzliche Krankenversicherung folgerichtig als echte Nothilfekonzeption für schicksalhafte Schläge konzipiert. Ein Arbeitsunfall in der Sägemühle, eine drohende Fehlgeburt, eine lebensbedrohliche Infektion – die Solidargemeinschaft war der Garant für die Versorgung in solchen äußersten Notfällen. Durch die Verschiebung des Leistungsspektrums der ärztlichen Tätigkeit arbeitet heute der durchschnittliche Arzt meiner Schätzung nach nur noch zu 15 Prozent in diesem klassischen Solidarbereich, wie er früher fast ausschließlich galt; ein viel größerer Anteil der Leistungen, vielleicht 50 Prozent, gehören heute in einen Bereich, den man als stark bis völlig konsumorientiert einstufen kann. Wenn wir heute in Deutschland circa 18 Millionen Krankenhausaufnahmen und ungefähr 600 Millionen ambulante Arztkontakte zählen, so lassen sich diese Zahlen doch gar nicht mehr anders interpretieren, als dass der Inhalt dieser millionenfachen ärztlichen Leistungen niemals – auch nicht bei Berücksichtigung des medizinischen Fortschritts – dieselbe Grund- und Basisleistung sein kann wie zu Zeiten meiner Großmutter.

Dieser dramatischen Verschiebung zum Trotz hat sich an der Finanzierung der medizinischen Versorgung so gut wie nichts geändert. Damals wurden die wenigen, sparsam in Anspruch genommenen medizinischen Leistungen für die Linderung schwerer Schicksalsschläge von der Solidargemeinschaft getragen, und das gilt – zum Glück und zu Recht – unverändert. Doch heute, wo ein wachsender Anteil der Leistungen andere Ursachen und Motivationen hat, wird immer noch ausschließlich die Solidargemeinschaft der Versicherten und Steuerzahler in Anspruch genommen. Die Solidargemeinschaft ist heute nicht mehr das Auffangnetz für Notsituationen, sie soll der Garant sein für die Behebung fast aller gesundheitlichen Fragestellungen.

Das deutsche Gesundheitswesen ist eine Einrichtung für die breite Bevölkerung, und seine Leistungen sind deshalb eher auf Breitenversorgung als auf Spitzenversorgung ausgelegt. Das ist gut für die Volksgesundheit und gut für den sozialen Frieden. Diese Stärke hat sich nun aber insoweit in eine Schwäche verwandelt, als die meisten Bürger heute fälschlicherweise glauben, dass so gut wie jede medizinische Leistung solidarisch finanziert werden könne oder müsse. Da der Bürger die Konsequenzen dieser allumfassenden Inanspruchnahme des Systems aus politischem Populismus und manchmal aus Ignoranz lange Zeit nicht zu spüren bekam, wurde er regelrecht zur Ausbeutung der Solidarität erzogen: Aus dem bereitgestellten Leistungstopf nimmt sich jeder, was er braucht oder was ihm vermeintlich zusteht. Dabei steht der heutige Nachfrager wie in einem Supermarkt vor vollen Regalen, und weil man ihm eingeredet hat, es sei ja alles schon bezahlt, greift er zu – schließlich geht es um seine Gesundheit. Vielleicht nimmt er dabei auch Dinge aus dem Regal, die er gar nicht benötigt. Den Menschen, den wir für ein solches System bräuchten, damit es nicht kollabiert, gab es vermutlich seit der Vertreibung aus dem Paradies nicht mehr.

Aber auch die Leistungserbringer, ihre Verwalter und die politisch Verantwortlichen, die angeblich fortwährend bemüht sind, das Gesundheitswesen zu verbessern, finden darin ein großartiges Auskommen. Indem sie einfach sämtliche Wechselfälle des Lebens zu Fällen des Solidarsystems erklären, können sie die eigene Rolle in diesem System immer besser absichern. Über die Jahrzehnte ist auf diese Weise ein verhängnisvolles Dreiecksverhältnis entstanden, in dem jeder zu seinem Vorteil handeln kann: Einer nimmt die Leistung in Anspruch, ein anderer erbringt sie, und ein Dritter wickelt die Bezahlung ab. So hat sich eine Leistungs-, Mitnahme- und Expansionsspirale aus jeweils einseitigem Nutzen in Gang gesetzt, die sich zu Lasten der nicht anwesenden, aber zahlenden Gesellschaft immer weiter dreht. Diese Struktur erweist sich wegen der vielfältig im System vernetzten Nutznießer als äußerst stabil, ständig treibt sie ihre Entwicklung durch weitere Planung und weitere Verwaltung voran und fördert damit ihr eigenes Wachstum. Völlig in den Hintergrund gerät dabei die Frage nach der Zukunftsfähigkeit: Wie lange kann ein derart fehlgesteuertes System, das den Solidargedanken so hemmungslos überdehnt und immer mehr vordergründig kostenlose Leistungen einfordert, überhaupt noch funktionieren?

Auch wenn sie es nicht öffentlich zugeben, ist den meisten Kennern des deutschen Gesundheitswesens heute völlig klar: Die Finanzierung über solidarische Leistungen aus Arbeitseinkommen und Steuermitteln kann bei einer ständig steigenden Mengennachfrage, wie wir sie seit Jahren erleben, heute keine zukunftsfähige Lösung mehr sein. Bleibt es bei dieser Konstruktion, führt die Mengenausweitung unweigerlich zur Rationierung und schließlich zur Priorisierung medizinischer Leistungen; die Folge wird sein, dass einkommensstarke und vermögende Schichten der Bevölkerung ihre Kaufkraft immer stärker in den privaten Gesundheitsbereich umlenken und sich auf diese Weise holen, was ihnen das Solidarsystem nicht mehr bieten kann. Schon jetzt geben zahlungskräftige Patienten jährlich viele Milliarden Euro außerhalb der Sozialversicherungssysteme für alternative Medizin aus, der Sektor weist erhebliche Steigerungsraten auf. Und je mehr das alte Solidarsystem an den Rand seiner Finanzierungsfähigkeit gerät und Leistungen rationiert, umso mehr werden private Leistungserbringer die freie Kaufkraft jenseits des Solidarsystems einfangen.

Kritische Beobachter der Privatisierung im Gesundheitswesen könnten nun meinen, dass ich als einer seiner Vertreter diese Entwicklung begrüße. Dem ist nicht so. Dass ich die Zwei-Klassen-Medizin sowohl aus ökonomischen wie aus ethischen Gründen ablehne, habe ich bereits im vorangegangenen Kapitel dargelegt und bekunde es auch immer wieder öffentlich. Ich will keine Medizin für eine Elite, sondern die Vollversorgung *für alle* auf höchstem medizinischen Niveau. Gleichwohl führt kein Weg daran vorbei, dass angesichts der Alterung der Gesellschaft und wegen des medizinischen Fortschritts mehr Geld ins Solidarsystem fließen muss, wenn wir verhindern wollen, dass es durch die Abwanderung zahlungskräftiger Patienten weiter geschwächt wird und so unausweichlich in die Zwei-Klassen-Medizin abgleitet. Die Frage ist aber, in welcher Art und Weise zusätzliches Geld in das System fließen soll.

3.3 Mobilitätsbedürfnisse im Wandel

An dieser Stelle lohnt es sich, noch etwas genauer auf die Versicherten beziehungsweise auf die Patienten zu schauen, und dabei hilft es, Krankheit vor allem als Einschränkung von Mobilität zu betrachten. Wir können dabei einmal absehen von den oben beschriebenen Notsituationen wie Unfällen oder schweren schicksalhaften Erkrankungen, deren Behandlung von der Solidargemeinschaft getragen werden; wie erwähnt, machen sie schätzungsweise 15 Prozent aller medizinischen Leistungen aus. Einen wesentlich größeren Anteil machen Leistungen aus, die im Krankenhaus als elektive Fälle gelten; damit sind ärztliche Eingriffe gemeint, die nicht dringend notwendig sind beziehungsweise Operationen, deren Zeitpunkt man fast frei wählen kann. Beispiele für elektive Eingriffe sind Schönheitsoperationen, aber auch der immer beliebtere Wunschkaiserschnitt oder die Operation beim Grauen Star. Ein – zugegeben – überspitztes Beispiel wäre ein älterer Mann mit kardiologischen Problemen, der damit zwar seinen Alltag immer noch gut bewältigt, aber nicht mehr so joggen kann, wie er sich das vorstellt. Weil er diesen Mangel aufgrund seines jugendlich gebliebenen Selbstbewusstseins als besonders hart empfindet, will er eine Bypass-Operation. Ein anderes Beispiel wäre eine 75-jährige Frau, deren Hüfte bei längeren Spaziergängen zu schmerzen beginnt und die sich deshalb ein neues Hüftgelenk wünscht. Allen diesen elektiven Fällen ist gemein, dass sie keine Notsituationen darstellen, die umgehend ärztliche Hilfe erfordern (und die die Großmutter früher niemals nachgefragt hätte), sondern die im weitesten Sinn die Mobilität der Patienten wiederherstellen und ihnen eine Teilhabe an der Gesellschaft erlauben. Nun ist aber die zunehmende Überalterung der Bevölkerung ein Fakt. Fakt ist außerdem, dass ältere Menschen, weil Altern medizinisch mit „Verschleiß" gleichgesetzt werden kann, öfter krank sind, man könnte auch sagen, immobiler werden, und deshalb mehr Mittel aus der Solidarkasse benötigen als junge Menschen.

Wenn wir diesen Fällen nun das Mobilitätsbedürfnis eines 16-Jährigen gegenüberstellen, wird die Untauglichkeit und auch die Ungerechtigkeit des gegenwärtigen Systems offenbar. Der 16-Jährige wünscht sich vielleicht ein Moped, um auf dem Dorf abends seine Freunde zu treffen oder eine junge Frau beeindrucken zu können, später einmal Vater zu werden und sein Leben – dann (auto-)mobil – zu gestalten. Kein Mensch käme auf die Idee, dieses jugendliche Bedürfnis nach Mobilität von der Krankenkasse oder aus Steuermitteln finanzieren zu lassen, jeder würde dies fraglos als ein klassisches Konsumbedürfnis einstufen und dessen Befriedigung der persönlichen Kaufkraft des Jugendlichen oder seiner Eltern überlassen. Hingegen gelten die neue Hüfte, die Star-Operation oder eine Insulinpumpe, die ebenfalls die Mobilität der Betroffenen stark verbessern, ebenso fraglos als sozialpflichtig. Die dramatischen Folgen für das solidarische Gesundheitssystem, das vor weit mehr als hundert Jahren für eine Gesellschaft der Jungen geschaffen wurde, die mit ihren Beiträgen für wenige Notfälle und wenige Ältere aufkamen, sind offenkundig: Die Rechnung geht nicht mehr auf, das System muss kippen.

Ich argumentiere aber nicht bloß finanztechnisch, allein auf die Belastungsfähigkeit des Umlagesystems bezogen, sondern stelle die ethische Frage, ob wir damit nicht gegen die Regeln der Gerechtigkeit zwischen den Generationen verstoßen. Damit ich nicht missverstanden werde: Ich rede keineswegs der Verweigerung von Behandlungen das Wort. Ich gönne den Älteren, zu denen ich ja inzwischen selbst gehöre, jede Verbesserung ihrer Lebensqualität und fördere dies nach Kräften. Doch gleichzeitig können wir Älteren nicht ignorieren, dass die Jungen gegen diese augenscheinliche Fehlentwicklung immer stärker aufbegehren. Zu Recht fragen sie, warum die Behandlung von Alterskrankheiten, die keine Notfälle darstellen, sondern immer stärker einen konsumtiven Charakter haben, ausnahmslos solidarpflichtig sein sollen und so das gesamte System gefährden. Zu Recht wundern sie sich, wie aus dem Solidareintritt der Gesellschaft für persönliches Unglück ein absoluter Anspruch auf die solidarische Finanzierung elektiver Hüften und Knie, auf die Behandlung von Alterskrebs und Herzoperationen werden konnte, obwohl zu keinem Zeitpunkt geklärt wurde, worin denn der Unterschied zwischen der mobilitätsstiftenden Hüfte und dem mobilitätsstiftenden Moped besteht. Wäre es nicht gerechter, wenn die Älteren als die Hauptnutzer des Systems zunächst ihre eigenen Mittel ausschöpften, bevor sie dafür die Jüngeren in die Pflicht nehmen? Ich meine: Ja. Und ich würde es begrüßen, wenn auch die Politik diese Gerechtigkeitsfrage endlich offen stellen würde. Ein „mutiger Politiker" müsste den elektiven Patienten und Kassenmitgliedern sagen: „Ihr bekommt alles, was Ihr wollt. Ihr braucht nicht auf die Warteliste. Für Hüften, Diabetes-Insulinpumpen und Graue-Star-Operationen müsst Ihr nur einen Teil Eurer Spargroschen einsetzen."

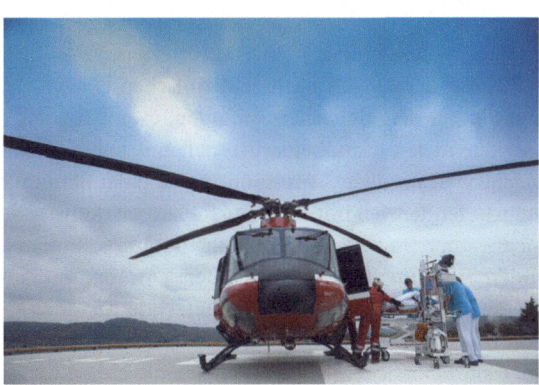

Abb. 7 Rettungshubschrauber im Einsatz, Zentralklinik Bad Berka

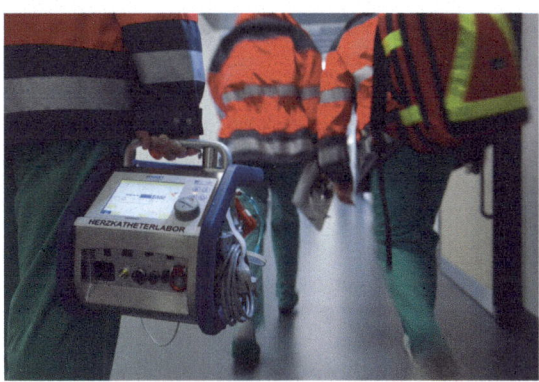

Abb. 8 Transportable Herz-Lungen-Maschine im Notfalleinsatz

3.4 Fehlgeleitete Kaufkraft

Im herrschenden System erleben wir die abstruse Situation, dass die Vermögen der Älteren dem Wirtschaftskreislauf entzogen werden, um später als Erbschaften an die Jüngeren zu fließen; die müssen davon dann einen großen Anteil an den Finanzminister abtreten, der davon wiederum einen Anteil ins Gesundheitswesen zurückschleust. Es ist doch ziemlich komisch, wenn der Enkel einer begüterten Dame mit hohen Krankenkassenbeiträgen belastet wird, um ihre sämtlichen medizinischen Leistungen solidarisch zu finanzieren, worüber der Enkel dann wegen der hohen Beiträge und der mangelnden Wettbewerbsfähigkeit seines Arbeitsgebers vielleicht den Job verliert; später erbt er zwar, bleibt aber im Nichtstun verhaftet, anstatt direkt oder indirekt von seiner Großmutter beschäftigt zu werden.

Volkswirtschaftlich wäre der umgekehrte Weg die wesentlich vernünftigere Lösung: Der Enkel erbte gar nicht oder weniger, stattdessen flössen die gehorteten Mittel der Großmutter durch deren freiwilligen Konsum in die Gesundheitswirtschaft. Die Enkelgeneration müsste nicht nur geringere Kassenbeiträge zahlen und gewönne dadurch neue Kaufkraft für eigene konsumtive Vorlieben; die verstärkte Nachfrage der Älteren nach medizinischen Leistungen würde in rationellere Produktion bei den Herstellern münden, es entstünden neue Arbeitsplätze in einer aufblühenden Gesundheitswirtschaft mit teilweise ganz neuen Tätigkeitsfeldern. Machen wir uns nichts vor: Eine älter und damit immobiler werdende Gesellschaft braucht tendenziell immer mehr Rollatoren, künstliche Hüftgelenke und Medikamente, aber immer weniger Mopeds, Autos, Einfamilienhäuser, Computer und andere Konsumgüter. Mit zunehmendem Alter wird aus modisch anspruchsvoller Kleidung eher wärmende und schützende Kleidung (was aber kein Widerspruch sein muss), aus dem Interesse am Rennrad wird das Interesse am Home-Trainer oder am künstlichen Knie, Medikamente heben die Alltagstauglichkeit und stärken das Wohlbefinden, aber „Clubs" und Freizeitparks bleiben öfter leer. Für den Betroffenen ist die Formel „Rollator statt Roller oder Auto" kein makaberer Witz, sondern eine hilfreiche Lösung. Das Auto, das ein Versicherter bis zu seinem Diabetesschock gefahren hat, braucht er nicht mehr – es sei denn, er kann sich dank der neuen Insulinpumpe doch wieder hinters Steuer setzen. Im günstigsten Fall kann er dann sogar wieder den Weg zu einer altersgerechten Arbeit zurücklegen.

Aus dem Bedürftigen früherer Tage ist ein mit Kaufkraft ausgestatteter Patient geworden, auf den das alte Sozialbild einfach nicht mehr passt. Wir müssten deshalb jene medizinischen Leistungen, die mehr dem Konsum zuzurechnen sind, auch für den Wirtschaftskreislauf dienstbar machen, und zwar über eine sozial gestufte Selbstbeteiligung, weil wir so die soziale Stabilität erhalten, mit der dieses Land reich geworden ist. Das ist allemal sinnvoller und gerechter, als die Kaufkraft zulasten der sozialen Umverteilung „einzusparen", um sie später staatsquotenerhöhend über die Erbschaftsteuer und andere Umverteilungsmechanismen wieder ins System zu leiten. Keine Frage: Eine solche einkommensabhängige Selbstbeteiligung im Krankheitsfall, die gesetzlich geregelt werden müsste, ist eine schier unüberwindliche politische Hürde. Eine Volkswirtschaft, welche die altersbedingte Verschiebung des Konsumverhaltens ignoriert, die also auf den Nachfragewandel nicht mit einem Leistungswandel reagiert, schadet sich selbst, weil die medizinischen Leistungen dann eben von anderen Volkswirtschaften bereitgestellt werden. Wir können die Alterspyramide nicht umkehren. Deshalb sollten wir die veränderten Wünsche einer alternden Gesellschaft konstruktiv als Chance für eine neue Ausrichtung der Wirtschaft verstehen.

3.5 Der Patient als Zuteilungsempfänger

Es geht aber keineswegs nur um den notwendigen Wandel der Finanzierungsstrukturen. Auch die Rolle und das Selbstverständnis der Patienten, die sich in diesen überkommenen Strukturen über Jahrzehnte herausgebildet haben, sind schon lange nicht mehr zeitgemäß. Wenn wir die älteren Vielfachnutzer motivieren, die Beschaffung medizinischer Güter und Dienste ihres Interesses auch mit eigener Produktivität zu bestreiten, senken wir nicht nur die Umverteilung zulasten der jüngeren Wenignutzer, wir stärken auch insgesamt ihre Rolle als selbstbewusste und autonome Subjekte und Nachfrager. Die Probleme der Krankenversicherung sind nur lösbar, wenn sich die Versicherten und Patienten zunehmend als selbstverantwortliche Teilnehmer begreifen.

Im Moment ist es freilich so, dass Patienten, weil ihre erhöhte Nachfrage keine Preisreaktionen auslösen kann, nicht als Kunden behandelt werden, sondern als jemand, dem man etwas Gutes tut. Wobei dieses vermeintlich Gute immer häufiger Schlechtes ist, wie in diesem Kapitel noch zu zeigen ist. Während gerade die älteren Menschen bei ihren sonstigen Konsumentscheidungen wie selbstverständlich völlig eigenständig handeln, werden sie bei konsumnahen medizinischen Leistungen zunehmend in die Rolle von unmündigen Zuteilungsempfängern gedrängt: Denn bei ihnen hat es zuvor vielleicht eine Entscheidung der Krankenkasse oder gar des so genannten gemeinsamen Bundesausschusses gegeben, dass ab einem bestimmten Lebensalter von beispielsweise 70 Jahren keine Insulinpumpen mehr verordnet werden dürfen; ein Auto darf sich der 70-Jährige zwar noch kaufen, aber die Insulinpumpe gibt es aus Geldmangel der Kassen nicht – wobei das Geld vor allem deshalb nicht ausreicht, weil durch das altersbedingte Verordnungsverbot zu wenige und damit viel zu teure Insulinpumpen gebaut werden. Für mich ist es eine völlig abwegige, gar grausame Vorstellung, dass Ärzte, Apotheker oder Krankenkassenfunktionäre darüber entscheiden wollen, welche medizinischen Leitungen sich ein Patienten noch leisten darf und welche nicht. Ich persönlich würde es mir leisten können, jede Bevormundung von selbsternannten Experten über meine Befindlichkeit zu negieren. Ich will es mir aber nicht leisten, mich deshalb bequem zurückzuziehen und das Problem einfach auszublenden. Denn hier geht es um die Entmündigung von Millionen von Versicherten und Patienten.

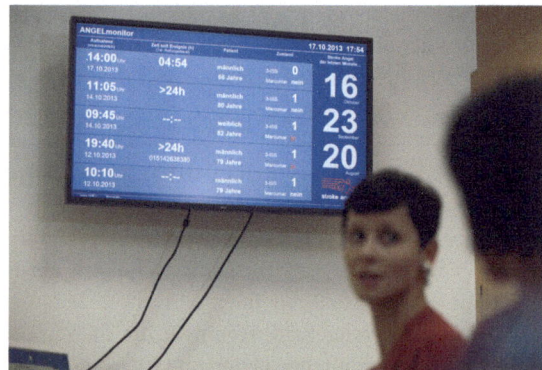

Abb. 9 Mitarbeiter in der Stroke Unit, Neurologische Klinik Bad Neustadt an der Saale

3.6 Krankenhäuser im Investitionsstau

Diese geradezu vormoderne Rolle des Patienten ist auch Ausdruck der Tatsache, dass der Staat bis heute negiert, dass auch in der Gesundheitsversorgung das Prinzip von Leistung und Gegenleistung, von Angebot und Nachfrage Gültigkeit hat. Würden diese Prinzipien akzeptiert, würde der Staat seine Rolle als Mitspieler aufgeben und sich auf seine Funktion als Wächter und Kontrolleur eines gesunden Wettbewerbs beschränken. Statt dessen werden die gesetzlichen Krankenkassen zunehmend als Instrument der Politik eingesetzt und üben einen enormen finanziellen Druck auf Krankenhäuser und andere Gesundheitsdienstleister aus. Die bis jetzt in Richtung auf eine erhöhte Rationalisierung eingesetzten Mittel sind die Budgetdeckel bei den Ärzten und die Mehrleistungsabschläge bei den Krankenhäusern.

Öffentliche Krankenhäuser haben zu der Zeit, als noch annähernd genügend Mittel für Investitionen zur Verfügung standen, diese überwiegend in bestandssichernder Weise und eben nicht zur Herstellung rationeller Versorgungsformen

3.6 Krankenhäuser im Investitionsstau

verwendet. In den letzten Jahren hat sich dieser Bewahrungseffekt noch verstärkt, weil Rationalisierungsmittel einerseits nicht mehr zur Verfügung standen und andererseits die Zäune gegen Veränderungen immer höher wurden. Verursacht wird diese Entwicklung durch das duale Finanzierungssystem zwischen Bund und Ländern und durch die im öffentlich-rechtlichen System nicht vorhandene Vorfinanzierungsfähigkeit von Rationalisierungsinvestitionen. Deshalb gleichen auch heute noch viele deutsche Krankenhäuser – überspitzt ausgedrückt – vorindustriellen Manufakturen, die nicht in der Lage sind, sich die steigenden Fallzahlen als Kostensenkungspotenzial zunutze zu machen. Sie arbeiten nach Betriebskonzeptionen aus der Vorzeit und in Räumlichkeiten, die weder in ihrer Zweckmäßigkeit noch im Komfort heutigen Ansprüchen genügen.

Besserung ist nicht in Sicht. Wie die Ärzte-Zeitung berichtet,[10] fällt es den klammen Ländern zunehmend schwer, die baulichen und apparativen Investitionen in ihren Krankenhäusern zu stemmen. So haben 2011 alle Länder zusammen gerade noch 2,67 Milliarden Euro für Investitionen ausgegeben, das waren 156 Millionen Euro weniger als ein Jahr zuvor. Und verglichen mit den 3,4 Milliarden Euro, die die Länder noch vor zehn Jahren in ihre Krankenhäuser steckten, bedeutet dies einen Rückgang von rund 20 Prozent. Aufgrund der Inflation ist der Rückgang real mit 28 Prozent sogar noch größer. Die Folgen dieses Desinvestments sind defizitäre Krankenhäuser; denn mangelnde Investitionen erhöhen bei steigender Leistungsmenge die Betriebskosten, sie erhalten ineffiziente alte Strukturen, die wiederum die Investitionsfähigkeit schmälern. Ein Teufelskreis. Laut Zahlen des Deutschen Krankenhausinstituts schrieb schon 2011 jede dritte deutsche Klinik rote Zahlen, während im Jahr zuvor „nur" 21 Prozent der Häuser einen Jahresfehlbetrag aufwiesen.[11] Zu ähnlichen Ergebnissen kommt das RWI im „Krankenhaus Rating Report 2013". Und die Erwartungen für 2013 bestätigen diesen alarmierenden Trend: Nach Erhebungen der Deutschen Krankenhausgesellschaft (DKG) erwarten nur 22 Prozent der Krankenhäuser in diesem Jahr eine Verbesserung ihrer wirtschaftlichen Situation, fast 40 Prozent rechnen mit einer Verschlechterung. Inzwischen warnt die DKG, bald könnte jedes zweite Krankenhaus rote Zahlen schreiben.[12]

Wenn die Nachfrage das Angebot übersteigt, die Preise aber planwirtschaftlich nach unten reglementiert werden, erzeugt dies administrativ einen investiven Rationalisierungsstau, und es wird die Entwicklung neuer, preisgünstiger Lösungen verhindert. Wir müssen aber rationalisieren, wenn wir nicht zu Bütteln einer rationierten Mangelwirtschaft werden wollen. Nach meiner Wahrnehmung gibt es

---

[10] Fricke (2013).
[11] http://www.manager-magazin.de/unternehmen/artikel/0,2828,877820,00.html.
[12] http://www.manager-magazin.de/unternehmen/artikel/0,2828,877820,00.html.

bedauerlicherweise an keiner Stelle im Gesundheitswesen eine Kraft, die eine andere Antwort auf die steigende Mengennachfrage gibt, als die der Rationierung von Leistungen, inzwischen beteiligen sich sogar Ärzte und ihre Organisationen ebenso wie Teile der Gewerkschaften an der Diskussion um Rationierung und Priorisierung.

So zitiert das Ärzteblatt auf seiner Internetseite zum Beispiel Frank Ulrich Montgomery, seit 2011 Präsident der Bundesärztekammer, mit der Aussage: „Priorisierung kann dazu beitragen, die knappen Mittel nach gesellschaftlich konsentierten Kriterien möglichst gerecht zu verteilen. Die Kriterien sollte ein Gesundheitsrat erarbeiten, in dem Ärzte gemeinsam mit Ethikern, Juristen, Gesundheitsökonomen, Theologen, Sozialwissenschaftlern und Patientenvertretern Empfehlungen entwickeln, was und wie priorisiert werden soll." Sein inzwischen verstorbener Vorgänger Jörg-Dietrich Hoppe meint auf derselben Homepage: „Im derzeitigen System sehe ich nur einen Weg aus der Rationierung, nämlich die Diskussion um die Priorisierung." Und selbst Robert Zollitsch, der Vorsitzende der Deutschen Bischofskonferenz, wird dort mit dem Satz zitiert: „Wenn die Solidargemeinschaft angesichts knapper werdender Ressourcen individuell nicht tragbare Leistungen garantieren soll, sind Eingrenzungen unumgänglich."[13]

In diesen Zusammenhang gehören auch jene alarmistischen Meldungen, wonach in Krankenhäusern unnötig viel operiert würde, zum Beispiel an Knien und Hüften. Nach Zahlen der Organisation für wirtschaftliche Zusammenarbeit und Entwicklung (OECD) kommen in fast keinem anderen Land Patienten so oft unters Messer wie in deutschen Krankenhäusern:[14] 240 Klinikaufenthalte pro 1.000 Einwohner sind es hierzulande pro Jahr, nur in Österreich wurden mit 261 noch mehr Patienten pro 1.000 Einwohner auf Station behandelt; der OECD-Durchschnitt liegt bei 155. Bei den Herz-Kreislauf-Behandlungen und künstlichen Hüften liegt Deutschland an der Spitze, bei Krebstherapien im Krankenhaus auf Platz zwei. Der geschäftsführende Vorstand des AOK-Bundesverbands, Uwe Deh, wird in diesen Meldungen dann mit der Aussage zitiert, dass „die Krankenhäuser offensichtlich nicht mehr in jedem Fall garantieren können, dass ein Eingriff ausschließlich aus medizinischen Gründen stattfindet"; zunehmend würden Patienten „über ihre Unzufriedenheit und Erfahrungen mit fragwürdigen Eingriffen" berichten. Die AOK warnt, dass dort, wo es besonders lukrativ sei, am ehesten unnötig operiert würde, Patienten sollten deshalb besonders kritisch nachfragen, etwa bei Eingriffen am Rücken oder beim Einsatz von Defibrillatoren zur Herzunterstützung. Während die Krankenkassen die „außerordentliche Konkurrenz" zwischen den Kranken-

---

[13] http://www.aerzteblatt.de/dossiers/priorisierung.
[14] Wegener (2013b), S. 4, Wegener (2013a) und o. V. (2013).

häusern beklagen, die nicht auf dem Rücken der Patienten ausgetragen werden dürfe (als sei Konkurrenz systemfremd und deshalb unerwünscht), kontern die Krankenhäuser in Person von DKG-Präsident Alfred Dänzer: „Moderne Medizin kann glücklicherweise mehr helfen, auch der wachsenden Gruppe der älteren Menschen... Die Krankenkassen wollen hier anscheinend das Rad zurückdrehen und auf dem Stand von vor zehn Jahren einfrieren." Die Krankenkassen, so Alfred Dänzer, wollten ihren milliardenschweren Überschuss horten. Und der ehemalige Bundesgesundheitsminister Daniel Bahr macht die für Laien kaum verständliche Aussage, er sehe „weiter eine dringende Notwendigkeit, an der Mengenentwicklung zu arbeiten", was wohl nichts anderes bedeutet, als dass er auf die OP-Bremse treten will.[15]

Für mich sind solche Debatten gezielte Kampagnen, die das Ziel verfolgen, die Nichtbedienung von Bedarf zu legitimieren und die Menschen darauf vorzubereiten, dass nicht sie selbst und ihr Arzt über die Behandlung entscheiden, sondern irgendwelche Funktionäre an „Grünen Tischen" in weit entfernten Gremien. Rationierung ist aber - zumindest im deutschen Gesundheitswesen - solange nicht angebracht, wie es Rationalisierungspotenzial gibt. Wir können uns nicht-rationierte Medizin durchaus leisten, wenn wir von überkommenen Strukturen Abschied nehmen. Die routinemäßig vorgetragenen gegenseitigen Schuldzuweisungen zwischen Funktionären und Politikern helfen da nicht weiter und offenbaren nur, wie wenig es am Ende um den Patientennutzen geht.

3.7 Wachsende Evidenz für Qualitätsmängel

Um den ist es lange nicht so gut bestellt, wie man es von einem Gesundheitssystem erwarten könnte, das mit rund 2.000 Krankenhäusern, 1.200 stationären Rehabilitationseinrichtungen, 140.000 ambulanten Ärzten sowie 20.000 Apotheken eines der dichtesten Anbieternetze der Welt darstellt.[16] Denn mittlerweile gibt es eine wachsende Evidenz für Fehldiagnosen, erfolglose Therapien, vermeidbare Behandlungsfehler sowie für signifikante Qualitätsunterschiede. „Auch wenn die Finanzierbarkeit eine klare Schlüsselbedeutung hat, so bleibt doch die grundlegendere Frage, welchen Nutzen das deutsche System stiftet", mahnen Michael E. Porter und Clemens Guth in ihrem Buch „Chancen für das deutsche Gesundheitssystem" zu Recht an.[17] Anstatt die Leistungserbringung zu restrukturieren, konzentrierten

---

[15] Wegener (2013b), S. 4 und Wegener (2013a).
[16] Vgl. Porter/Guth (2012).
[17] Vgl. Porter/Guth (2012).

sich die Reformbemühungen darauf, die Preise nach unten zu drücken und die Leistungen zu beschneiden, das System belohne Mengenausweitungen, aber nicht Qualität. Die Autoren zitieren einen OECD-Vergleich, wonach Deutschland bei der Lebenserwartung zum Zeitpunkt der Geburt nur auf dem 14. Platz rangiert, bei der Sterblichkeit von Patienten unter 75 Jahren erreiche Deutschland nur Platz 12 unter 19 Ländern. Ähnlich enttäuschend sei die Ergebnisqualität für einzelne Krankheitsbilder: So sterben zum Beispiel in Deutschland jährlich 127 von 100.000 Bürgern an ischämischen Herzerkrankungen (OECD-Durchschnitt 126) – „und dies trotz einer in Deutschland ungleich höheren Dichte an Herzkatheter-Einrichtungen." Die mittelmäßigen Ergebnisse in Ländervergleichen, so die Autoren, gingen mit einer signifikanten Heterogenität in der Ergebnisqualität deutscher Leistungserbringer einher, etwa bei der Versorgung von Myokardinfarkt, Herzinsuffizienz, Schlaganfall, Hüft- und Kniegelenksersatz oder bei kolorektalem Karzinom. „Die Qualitätsmängel sind weder auf seltene Krankheiten, noch auf kleine, ländliche Krankenhäuser beschränkt. Oft sind es bekannte Krankheitsbilder mit klar definierten Leitlinien, bei denen es den Anbietern nicht gelingt, eine angemessene Behandlungsleistung zu erbringen. Insgesamt schätzt man, dass jedes Jahr über 40.000 Leben in deutschen Krankenhäusern gerettet werden könnten. Einer anderen Studie zufolge werden – konservativ geschätzt – 17.000 Todesfälle allein durch vermeidbare Fehler verursacht, ganz davon abgesehen, was möglich wäre, wenn man alle Anbieter auf das Niveau der besten bringen könnte." Auch in der ambulanten Versorgung gebe es Hinweise auf signifikante Heterogenität bei der Ergebnisqualität. Eine konsequente Ausrichtung auf Qualität, gemessen anhand der erzielten Behandlungsergebnisse, sei der einzige Weg, um die Kosten auf Lange Sicht einzudämmen, schreiben Porter/Guth und bilanzieren: „Es besteht eine toxische Kombination aus steigenden Kosten, ungesicherter Finanzierung, schwankender Versorgungsqualität, fehlendem Fachpersonal und einer zunehmend konfrontativen Atmosphäre zwischen einzelnen Interessengruppen… Insgesamt ist die Evidenz überwältigend: Das Gesundheitssystem, wie es heute in Deutschland besteht, stiftet für seine Bürger nicht den maximalen Nutzen."[18]

Ich ziehe daraus den Schluss: Das Argument, man müsse es nur besser machen als bisher, hat keine Glaubwürdigkeit mehr, weil das heutige System und seine handelnden Eliten viele Jahrzehnte Zeit hatten, korrigierend gegenzusteuern. Bewiesen haben sie während dieser Zeit allerdings nur, dass ihnen die Besitzstandswahrung der Dienstleister und der staatlichen Bürokratie allemal wichtiger ist als der Wandel zur effizienten und qualitativ hochstehenden Massenversorgung einer alternden Gesellschaft.

---

[18] Vgl. Porter/Guth (2012).

Das Konzept der Assekuranten Krankenvollversorgung (AKV)

4

▶ Bundesweite Netzwerke integrierter Leistungsanbieter, dazu eine elektronische Patientenakte und ein neuartiges Versicherungsangebot – das sind die Bestandteile eines Alternativkonzepts, um drohende Rationierung und Mehrklassensystem im Gesundheitswesen zu verhindern.

Wenn man es genau betrachtet, ist Laufen riskant: Das Risiko besteht darin, dass man ein Bein heben muss und damit Standfestigkeit einbüßt. Der Moment, in dem wir auf einem Bein balancieren müssen, ist zwar nur kurz, aber schon folgt der nächste Schritt, der das Gleichgewicht erneut gefährdet. Trotzdem laufen wir normalerweise völlig sorglos – zum einen, weil wir aus Erfahrung wissen, dass wir das Risiko des Balanceverlusts beherrschen, zum anderen, weil wir das Bedürfnis haben, voranzukommen. Warum aber erschrecken uns andere Schritte des Lebens, und zwar als Individuen wie als Gesellschaft? Warum bestimmt dort so oft die Angst vor dem Risiko das Handeln viel stärker als die Aussicht auf neue Chancen, auf Fortschritt, auf zukunftstaugliche Antworten? Geht es uns besser oder wenigstens gleich gut, wenn wir Wandel und Veränderungen ablehnen? Die Frage ist rhetorisch, weil sie nur mit „Ja" beantwortet werden könnte, wenn wir unsere Ansprüche nicht änderten. Genau das aber tun wir in hohem Maße gerade im Gesundheitswesen, von dem wir erwarten, dass es uns an sämtlichen Errungenschaften des medizinischen Fortschritts teilhaben lässt, und dies auch noch in einer alternden Gesellschaft, die naturgemäß noch mehr Ansprüche an die Leistungserbringer und Versicherer stellt.

Die Diskrepanz zwischen dem gewaltigen Veränderungsdruck im Gesundheitswesen einerseits und der tatsächlichen Veränderungsbereitschaft andererseits deutet meiner Meinung nach auf ein eklatantes Versagen der meinungsbildenden Elite hin. Sie verfügt zwar über das Wissen und den Horizont, um in der zentralen Frage der Weiterentwicklung unseres Gesundheitswesens gesellschaftliche Verantwortung zu übernehmen – aber sie verweigert diese Verantwortung aus Angst und aus Besitzstandsdenken. In gewisser Weise erinnert das Versagen der heutigen Eliten an jenes vor mehr als hundert Jahren, als die Krankenversicherung als ein Auffangsystem für den Notfall des Einzelnen eingeführt wurde: Auch damals sahen viele Arbeitgeber zunächst keinen Nutzen für sich darin, mit ihrem Anteil zur Finanzierung des Systems beizutragen und so dem überbordenden Raubbau an einer Bevölkerungsgruppe entgegenzuwirken. Glücklicherweise wurde das Konzept der solidarischen Krankenversicherung trotz des starken Widerstands damals etabliert und funktionierte über ein Jahrhundert lang mit einigem Erfolg, der allerdings in den vergangenen Jahrzehnten immer fragwürdiger wurde und heute praktisch vor dem Kollaps steht: Denn heute soll das Gesundheitssystem nicht mehr wie zu Beginn die Notfälle einiger weniger auffangen, sondern massenhaft medizinische Leistungen bereitstellen. Die heute Verantwortlichen in der Politik und im Gesundheitswesen müssten den Menschen deshalb erklären, dass das System nicht mehr tauglich ist, dass seine Finanzierung an die neue Funktionalität der Massenversorgung angepasst werden muss, wenn es Bestand haben soll. Die politische und wirtschaftliche Elite müsste auf breiter Front dafür werben, dass es besser ist, den Wandel – inklusive der dazugehörenden Risiken – zu bejahen und selbst zu gestalten anstatt zu warten, bis er „über uns kommt" und wir ihn nur noch als „Zuschauer" erleiden können.

4 Das Konzept der Assekuranten Krankenvollversorgung (AKV)

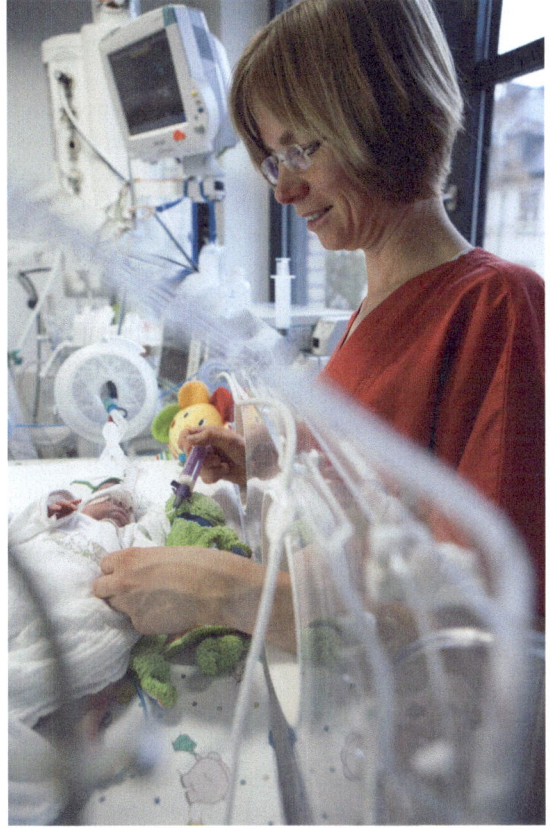

Abb. 10 Neonatologie, Universitätsklinikum Gießen und Marburg, Standort Gießen

Machen wir uns nichts vor: Das Gesundheitssystem in seiner jetzigen Form ist mittelfristig nicht mehr finanzierbar, und der Patientennutzen ist trotz gigantischer Budgets immer fragwürdiger. Die Erkenntnis über die Knappheit der Ressourcen greift zwar durchaus Platz, führt aber immer offenkundiger zu abwegigen Lösungen wie der Rationierung und Priorisierung. Zu befürchten ist, dass wir, wenn wir keine Alternativen entwickeln, am Ende eine Gutscheinmedizin mit Windhundverfahren für jedermann haben mit schwarzen und grauen Märkten. Wir stehen heute an einem Scheideweg: Wollen wir uns der Fiktion hingeben, wir könnten die Qualität unseres Gesundheitssystems erhalten oder sogar verbessern, indem an dieser oder jener Stellschraube gedreht wird, oder öffnen wir uns neuen Ideen und Lösungsvorschlägen, die im besten Sinne des Wortes radikal sind, also an der Wurzel der Probleme ansetzen.

Um das verkrustete deutsche Krankenhauswesen langfristig auf neue und gesunde Beine zu stellen, habe ich das Konzept der Assekuranten Krankenvollversorgung (AKV) entwickelt. In gewisser Hinsicht ist es die Fortsetzung dessen, was wir an den Krankenhäusern der Rhön-Klinikum AG seit vielen Jahren unter dem Schlagwort „Krankenhaus der Zukunft" entwickelt und in der Praxis erfolgreich erprobt und ständig verfeinert haben. Das AKV-Konzept ist ein wettbewerblicher Vorstoß auf dem deutschen Gesundheits- und Krankenversicherungsmarkt und basiert auf der Idee, die mehr als 90 Einrichtungen der Rhön-Klinikum AG mit den Kliniken eines anderen relevanten privaten Krankenhausbetreibers und weiteren Kliniken mit möglichst komplementären Gebieten zu einem integrierten Anbieter zu vernetzen. So entstünde ein Medizindienstleister, der ausreichend groß ist, um bundesweit sämtliche ambulanten, stationären und Rehabilitationsleistungen anzubieten, die in Deutschland gefordert sind. Die Einrichtungen des Verbunds, der alle medizinischen Gebiete und Spezialitäten abdeckt, wären so gut übers ganze Land verteilt, dass jeder Patient einen Eincheckpunkt ins Verbundnetz hätte, der nicht weiter als eine Autostunde von seinem Wohnort entfernt ist. Zusammengenommen würden die beiden Anbieter einen Marktanteil von acht bis zehn Prozent erreichen, dies wäre eine ausreichend kritische Masse, um erhebliche Qualitäts- und Kostenvorteile zu generieren.

Kombiniert würde dieses Krankenhaus-Netzwerk mit einem neuartigen Versicherungsangebot: Für eine zusätzliche Versicherungsprämie in geringer Höhe, die im Idealfall der Arbeitgeber aus Gründen der Gewinnung und Bindung talentierter Mitarbeiter finanziert, würde der Patient, der weiterhin Mitglied seiner gesetzlichen oder privaten Krankenversicherung bleibt, die Garantie für sämtliche Leistungen des Verbundnetzes erhalten, mithin die Zusage gerade auch für all jene Leistungen, die herrschende System entgegen aller Dementis mehr oder weniger versteckt rationiert und priorisiert. Das Leistungsversprechen enthielte außerdem die Garantie, innerhalb einer bestimmten Zeit einen Arzt zu sehen, dazu ein System von Zweitmeinungen, die freie Arztwahl innerhalb des Netzwerks und zusätzliche Serviceleistungen, darunter auch herkömmliche Wahlleistungen.

Die Assekurante Krankenvollversorgung wäre nicht nur eine bezahlbare innovative Perspektive für die große Masse der Kassenpatienten und würde so die Trennung der Bevölkerung in gesetzlich und privat Versicherte egalisieren. Es bestünde zudem die Chance, dass durch den wuchtigen Primärimpuls des neuen Netzwerks weitere konkurrierende Vollversorgungsnetze entstehen, zwischen denen die Versicherten frei wählen und auch wechseln könnten. So könnte jener notwendige Wettbewerb entstehen – und zwar sowohl bei den Leistungserbringern als auch bei den Versicherungsanbietern – an dem es dem herrschenden Gesundheitssystem mangelt.

Im Folgenden sollen die drei integralen und in ihrer Wechselwirkung jeweils unverzichtbaren Komponenten der Assekuranten Krankenvollversorgung beschrieben werden.

4.1 Die bundesweite Netzwerkkomponente

Ein Patient mit Beschwerden geht – wenn es sich nicht um eine Notfallversorgung handelt – normalerweise zu seinem Hausarzt. Der bemüht sich nach bestem Wissen um die richtige Diagnose, aber wenn der Befund unklar bleibt und der Arzt den Patienten zu einem Facharzt oder ins Krankenhaus überweist, beginnt an diesem Punkt sehr oft ein für das Gesamtsystem verhängnisvoller Ablauf. Ich will den Ärzten nicht zu nahe treten, aber oft verkörpern sie im Moment der Überweisung die Stelle mit der geringsten Kompetenz für die extreme Komplexität des Systems und damit das Gegenteil einer qualitativen Ablaufvorbereitung. Im ersten Kapitel habe ich den Fall eines Patienten geschildert, der mit heftigen Kopfschmerzen und Schwindelgefühlen an einem Freitagnachmittag in sein Kreiskrankenhaus kommt und dort nicht selten mehrere Tage verbringen muss, bevor er Klarheit über seine Situation erhält (die Diagnose lautet in den allermeisten dieser Fälle, dass es sich um ein ungefährliches Schwindelsyndrom handelt). Während dieser Zeit bindet dieser Patient, der seine Beschwerden womöglich besonders „laut" vorgetragen hat, wertvolle Ressourcen im Krankenhaus – zumal wenn es ein Krankenhaus der Maximalversorgung ist, das eigentlich für Patienten mit höheren Schweregraden benötigt wird. Zum medizinischen Alltag gehört aber auch der umgekehrte Fall, dass krankenhauspflichtige Patienten viel zu lange im ambulanten Sektor gehalten werden, wo man ihnen nicht wirklich helfen kann und die Fehlerwahrscheinlichkeit zunimmt.

Das deutsche Gesundheitswesen hat schon immer darunter gelitten, dass zwischen ambulanter und stationärer Leistung eine starke Trennung bestand. Bei rund 18 Millionen Patienten, die in Deutschland pro Jahr vom ambulanten in den stationären Sektor und zurück wechseln, kann man sich leicht vorstellen, welche Folgen derlei Fehlbelegungen mit Über-, Unter- oder Fehlversorgung haben, und zwar sowohl bezüglich der medizinischen Qualität als auch bezüglich der Kosten. Nach unserer Schätzung liegen zwischen 60 und 75 Prozent der Patienten heute nicht in den für sie optimalen Häusern und Betten. Viele immobile Patienten – ob sie nun mental oder physisch immobil sind – landen nahezu ohne medizinisch qualifizierte Zuordnung automatisch in der Grundversorgung; und viele mobile Patienten werden nach dem Motto „lieber zum Schmied als zum Schmiedle" der Schwerpunkt- und Maximalversorgung zugeführt, wo sie zu teuren Universitätsbedingungen Grundversorgung erhalten. Weil sich die Medizin insgesamt als ein extrem komplexes Gebilde darstellt, ist es aber finanziell unmöglich, überall sämtliche Geräte und fachlichen Kompetenzen vorzuhalten, die die Medizin heute bietet – das entspräche der Kompetenz einer Universitätsklinik, die niemals an jedem Kontaktpunkt bereitgehalten werden kann.

Eine Überschlagsrechnung ergab, dass bereits eine verbesserte Zuordnung der Patienten (noch lange kein Optimum) die Qualität der Behandlung enorm steigern würde und gleichzeitig durch Verringerung der Fehlallokation der Ressourcen mit Kostensenkungen von überschlägig drei bis sieben Prozent zu rechnen wäre. Wenn man beispielsweise in einer Universitätsklinik die schätzungsweise 20 Prozent fehlbelegten Patienten durch Patienten mit doppeltem Schweregrad ersetzte, stiege der Deckungsbeitrag, den diese schweren Fälle bringen, enorm. Ebenso könnten Verluste in erheblichem Ausmaß vermieden werden, wenn die rund zehn Prozent der Patienten, die fehlbelegt in Häusern der Grund- und Regelversorgung liegen und später mit Komplikationen rechnen müssen, gleich von Anfang an in einem Krankenhaus der Maximalversorgung lägen. Richtig verteilt, lägen schätzungsweise 70 Prozent der Patienten in Krankenhäusern der Grund- und Regelversorgung, wo der Durchschnittsaufwand nur etwa bei der Hälfte dessen liegt, was der Aufenthalt in einem Haus der Maximalversorgung kostet; dort sollten nicht mehr als etwa 30 Prozent der Patienten landen.

Um nicht falsch verstanden zu werden: Den Patienten sind diese Fehlbelegungen nicht vorzuwerfen. Wie Untersuchungen belegen, sind die Wege, die sie in Kauf nehmen, im Wesentlichen von ihrem Leidensdruck abhängig: Wegen geringer Beschwerden, und die machen erfahrungsgemäß 75 Prozent aller ärztlichen Kontakte aus, möchten sie in der Regel nicht länger als 45 Minuten unterwegs sein; für komplexere Behandlungen sind Patienten heute jedoch durchaus bereit, auch entfernte Behandlungsorte zu akzeptieren. Mit anderen Worten: Je größer die gesundheitliche Beschwerde, desto größer ist die Bereitschaft, auch längere Strecken in Kauf zu nehmen. Die zu lösende Aufgabe besteht also darin, Patienten beim Eingang in das System so zu diagnostizieren, dass sie exakt dorthin gelenkt werden, wo das medizinische und damit auch das wirtschaftliche Optimum erreicht werden können.

4.1.1 Tele-Portal-Kliniken und Medizinische Versorgungszentren (MVZ)

Die Lösung für dieses Problem ist die Kombination aus einem Medizinischen Versorgungszentrum (MVZ) und einer Tele-Portal-Klinik – eine Verbindung, die sich in der Rhön-Klinikum AG schon seit vielen Jahren hervorragend bewährt. Gemeinsam eröffnen die beiden Leistungserbringer einen innovativen Systemzugang, der Fehlbelegungen minimiert, indem Patienten rationell an jene Stelle gelotst werden, an der die für sie beste Versorgung möglich ist. Medizinische Versorgungszentren sind Einrichtungen mit mehreren Fachärzten, die eine interdisziplinäre und wohnortnahe ambulante Versorgung gewährleisten; als Angestellte und Teilhaber eines kooperierenden regionalen Grundversorgungskrankenhauses, genannt Tele-Portal-Klinik, haben sie durch den Einsatz von Telematik auch Zugang zu modernster Diagnosetechnik. Als Krankenhauskonzern, dessen Philosophie der Erhalt einer sozialen, qualitätsvollen und bezahlbaren Breitenversorgung unabhängig vom Versicherungsstatus ist, hat die Rhön-Klinikum AG kleinere Krankenhäuser der Grund- und Regelversorgung, die nicht rentabel waren, aber für die wohnortnahe Versorgung der Bevölkerung bedarfsnotwendig sind, zu solchen Tele-Portal-Kliniken weiterentwickelt. Sie sind ein Zukunftsmodell für die integrierte Versorgung, weil sie über telematische Online-Verbindungen zu Schwerpunkt-, Maximal- und Spezialkliniken medizinische Kompetenz bereithalten, wie sie an einem Haus der Grundversorgung sowohl technisch als auch finanziell undenkbar wären.

Der Vorteil der Tele-Portal-Kliniken liegt darin, dass sie den dezentralen Ansatz mit einer hohen Leistungsfähigkeit und Schnelligkeit verknüpfen. Im Einzugsgebiet des Patienten gelegen, ermöglichen sie Hochleistungsdiagnostik und Handlungsempfehlungen von rund um die Uhr online verfügbaren Fachärzten in entfernter liegenden Krankenhäusern. Während in der Tele-Portal-Klinik beispielsweise ein breit ausgebildeter Mediziner und ein Röntgenassistent die körperliche Untersuchung und die Röntgenaufnahmen eines Patienten vornehmen, übernimmt nach der Übertragung der Bilder ein erfahrener Radiologe in der kooperierenden Schwerpunktklinik die Auswertung der Bilder. Ebenso unterstützen die virtuell anwesenden Spezialisten den örtlichen Arzt bei Patienten mit Herzinfarkten oder Insulinschock, oder bei der schwierigen Frage, ob ein Schlaganfall vorliegt oder ein Aneurysma: Im ersten Fall braucht es blutverdünnende Mittel, um ein Gerinnsel in einer verstopften Ader aufzulösen, im zweiten Fall muss das Blut durch Medikamente zum Gerinnen gebracht werden; eine Behandlung ohne exakte Diagnose ist wie ein Glücksspiel, weshalb womöglich nichts unternommen wird; eine verspätete Diagnose kann aber zu lebenslangen Schädigungen oder sogar zum Tod führen.

Abb. 11 Virologisches Labor, Universitätsklinikum Gießen und Marburg, Standort Marburg

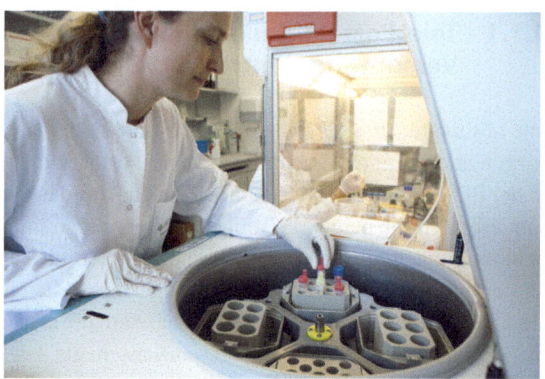

Je nach Diagnose in der Tele-Portal-Klinik wird der Patient dann entweder schnell und zielgerichtet in die weiterführende Stufe verbracht, also in ein kooperierendes Schwerpunktkrankenhaus oder in eine Spezial- oder Universitätsklinik. Oder er bleibt, weil er keiner Spezialeinrichtungen bedarf, in der Tele-Portal-Klinik, die dafür in Kooperation mit niedergelassenen (teilangestellten) Fachärzten eine Tagesklinik inklusive tagesklinischer Operationen bereithält, außerdem eine internistisch ausgerichtete Bettenabteilung für Patienten mit hohem pflegerischen Bedarf. Die Tele-Portal-Klinik wird damit zum qualifizierten One-Stop-Diagnosezentrum und zum Angelpunkt von sich neu bildenden Rationalisierungsnetzwerken zwischen ambulanten und stationären Leistungserbringern. Und sie gibt einem der wichtigsten Grundsätze in der Medizin – nämlich der möglichst umfassenden interdisziplinären Diagnose gleich zu Beginn des Krankenhausaufenthalts – eine neue Ausdrucksform. Nach unseren Erhebungen können rund 75 Prozent der Patienten nach der Diagnose in einer Tele-Portal-Klinik dort weiter verbleiben, nur 25 Prozent müssen an die Fachärzte-Kollegen in den Schwerpunkt- oder Spezialkliniken überwiesen werden. Eine Schwerpunktklinik, die rund 30.000 Patienten des durchschnittlichen Schweregrads größer 1,5 haben soll, würde somit einen Einzugsbereich von 600.000 Menschen abdecken und könnte zehn Tele-Portal-Kliniken bedienen bzw. würde von diesen mit Patienten versorgt. Die chronische Unterfinanzierung von Hochleistungsbereichen dürfte damit beendet sein, weil auf diesem Wege die Fehlallokation von Patienten beendet wird.

Die Möglichkeit, Patienten am optimalen Ort zu behandeln, löst eine Kette von Qualitätssteigerungen aus und eröffnet gleichzeitig ein Rationalisierungspotenzial von mindestens 20 Prozent. Aus dem heute üblichen fünf- bis sechsstufigen System wird eines mit nur noch drei Ebenen (MVZ – Tele-Portal-Klinik – Maximal- bzw. Spezialkliniken); die vielfach praktizierte, aber versorgungstechnisch völlig unsinnige Spezialisierung kleiner Versorgungskliniken wird unterbunden; die Zahl der Doppel- und Leerleistungen sinkt signifikant, ebenso die Zahl der Fehlbelegungen sowohl in den Hochleistungskliniken als auch in den Häusern der Grundversorgung. Verstärkt wird diese Optimierung durch Bewegungsdaten, die anonym die Prozesse und Flüsse im System abbilden und dadurch Trendanalysen von der Kapazitätsbedarfsermittlung bis zur Investitionssteuerung ermöglichen.

4.1.2 Neue Ausprägungen des Arztberufs

Es ist offenkundig, dass ein derart produktives medizinisches Leistungssystem wegen seines hohen rationellen Organisationsgrads die Gefahr in sich birgt, dass die individuellen Interessen von Patienten unter die Räder geraten. Die „Maschinerie" könnte vom Motto geleitet sein „Wenn die Versicherung erst bezahlt ist, liegt der höchste Gewinn in der Leistungsverweigerung". Um das zu verhindern, ist es aus meiner Sicht absolut notwendig, dass sich parallel dazu Patienten-Schutzorganisationen bilden, die durch ihre Publizität mächtig genug sind, Medizindienstleister und auch Krankenkassen das Fürchten zu lehren, wenn sie ihre Verpflichtungen und Zusagen nicht einhalten. Solche Organisationen würden die Mitarbeit ärztlicher Beratungsspezialisten benötigen, wenn sie ihren Mitgliedern auch bei Schäden Hilfe und im Vorhinein Zweitmeinungen anbieten wollen, die wirklich unabhängig sind. Dies könnte ein Arbeitsfeld für Fachärzte und Spezialisten sein, die im Herbst ihrer Karriere, wenn die Hände eventuell nicht mehr so wollen, ihre Berufserfahrung und neu gewonnene Unabhängigkeit einbringen möchten. Sinnvolle Bedingungen für diese Funktion wären allerdings ein Kodex oder gesetzliche Regelungen, um Interessensverbünde zwischen Patientenvertretern und Medizindienstleistern beziehungsweise Versicherern zu verhindern.

Im System stehen dem Patienten so genannte Betreuungsärzte zur Seite, wie es sie an Tele-Portal-Kliniken der Rhön-Klinikum AG bereits gibt. Betreuungsärzte sind besonders geschulte, breit ausgebildete und mit kommunikativen Fähigkeiten ausgestattete Mediziner, die der Schlüssel für ein gelingendes Arzt-Patienten-Verhältnis sind. Der Betreuungsarzt nimmt den Patienten im wahrsten Sinne „an die Hand" und begleitet ihn durch das System: Er ist das Bindeglied zu den einweisenden Ärzten, er stellt den Patienten bei Bedarf Fachärzten vor und leitet die technischen Untersuchungen zur Diagnose ein. Der Betreuungsarzt bespricht mit den Patienten die Chancen und Risiken von Therapien, er organisiert die Übergabe und Eingliederung in die Schwerpunkteinrichtungen und nimmt die Patienten nach erfolgter Behandlung wieder zurück; zuletzt organisiert er gegebenenfalls Nachbehandlungen, Hausbesuche oder Rehabilitationen. Der Betreuungsarzt erfüllt eine äußerst wichtige, nämlich die menschliche Komponente, die umso wichtiger wird, je höher der Rationalisierungsgrad in der arbeitsteiligen Medizin steigt. Ist er gut, stellt er einen entscheidenden Qualitätsfaktor dar, weil er schon seiner Einstellung nach mehr am Patienten orientiert ist als am kurzfristigen wirtschaftlichen Erfolg. Er ist das, was man – mit Blick auf andere Branchen – den Verantwortlichen für Kundenbindung und Nachhaltigkeit in der Beziehung zum Patienten nennen könnte.

Eine weitere neue Ausprägung des ärztlichen Berufsbildes im AKV-Konzept wird der Ärztliche Betriebsleiter sein, der sowohl die Flüsse und Prozesse als auch die Informationsstrukturen und Investitionen steuert. Diese Ärzte/Informatiker/Ingenieure werden sowohl in den Medizinischen Versorgungszentren (MVZ) und Tele-Portal-Kliniken als auch in den Schwerpunktkliniken arbeiten. Sie sind die medizinischen Technologiesteuerer, die für die Systemfunktionalität, für interdisziplinäre Informationswege, für Betriebssicherheit und für eine kompetente Datenorganisation zuständig sind. Sie versorgen die Betreuungsärzte und Fachärzte mit allen notwendigen Informationen, ebenso die Kaufleute in den Kliniken, für die sie zum Beispiel Kapazitätsmodelle errechnen, die dann maßgeschneiderte rentable Investitionen auf dem letzten Stand medizinischer Bedürfnisse auslösen.

Der Veränderungsdruck wird auch vor den niedergelassenen Ärzten nicht halt machen. Sie werden immer mehr vor der Frage stehen, wie sie in einer Gesellschaft, die Medizin so selbstverständlich nachfragt wie ein Lebensmittel, der Massenanforderung mit Technik und Prozessen gerecht werden können oder ob sie auf die Versorgung elitärer Privatpatienten setzen. Ich fürchte, dass dieses Geschäftsmodell nur für vielleicht 10.000 Ärzte funktionieren wird. Damit bleiben immer noch weit über 100.000 Niedergelassene, die sich zwangsläufig mit der Massennachfrage auseinandersetzen müssen. Vielleicht ist die Verbindung von MVZ und Tele-Portal-Klinik eine neue Form für sie, medizinisch freier zu agieren als unter den Bedingungen der Krankenkassen, für die sie im Grunde abhängige Zulieferer sind. Krankenhäuser und ambulant tätige Ärzte haben eines gemeinsam, und das ist das Wichtigste: Sie sind dem Patienten und seinen Bedürfnissen am nächsten; aber diesen Platz können sie nur mit Recht behaupten, wenn sie Dienstleister für ihre Patienten sind und nicht für die Kassen.

4.2 Die elektronische Patientenakte (WebEPA)

Zentrales Informationsmedium und Steuerungsinstrument auf den verschiedenen Ebenen des integrierten Vollversorgungsnetzwerks ist die webbasierte elektronische Patientenakte (WebEPA). Sie entsteht über Jahre wie ein Puzzle durch dezentrale Informationen, die immer dann gesammelt und eingepflegt werden, wenn ein Patient eine Anlaufstelle im Versorgungsnetz kontaktiert. Weil die Daten zentral hinterlegt werden, haben Ärzte und Pfleger in Stations-, Untersuchungs- und Behandlungszimmern oder im OP mit wenigen Mausklicks schnellen und umfassenden Zugriff auf sämtliche Befunde und Diagnosen aus der Vergangenheit. Dies ist ein wesentlicher Nutzen auch für den Patienten, der frühere Behandlungen und Medikationen nicht immer parat hat, auch wenn dies aktuell medizinisch bedeutsam wäre. Ähnlich wie bei Suchmaschinen setzt sich die Akte bei einer autorisierten Anfrage aus den Segmentinformationen zusammen und bildet, wenn sie komplett aufgerufen wird, sozusagen einen virtuellen Patienten, der damit zur eigentlichen Steuereinheit im System wird: Er wird an den Ort mit der passenden Versorgungsstufe mit den optimalen medizinischen Vorhaltungen im Netzwerk geleitet.

Die elektronische Krankenakte kann alles enthalten, was auch in der traditionellen Patientenakte aus Karton steckt: Befunde, Röntgenbilder, Laborergebnisse, bisherige Therapien, Notfallinformationen über Allergien, Blutgruppe oder chronische Erkrankungen. Aber anders als ihre Vorgängerin aus Papier sammelt die WebEPA nicht nur die Informationen jeweils eines einzelnen Leistungserbringers (also eines Haus- oder Facharztes, eines Krankenhauses oder einer radiologischen Praxis), sondern bildet die komplette medizinische Vergangenheit eines Patienten über alle Stationen seiner Behandlung hinweg ab. Möglich ist das, weil dank eines „Übersetzers" in der WebEPA auch Informationen von IT-Systemen unterschiedlicher Hersteller, die bislang nicht kompatibel waren, auf einer einheitlichen Plattform zusammengeführt werden.

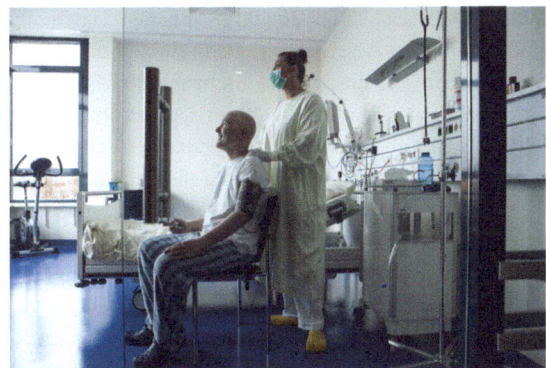

Abb. 12 Kinderonkologie, Universitätsklinikum Gießen und Marburg, Standort Gießen

4.2.1 Der Patient ist Herr über seine Daten

Mit Blick auf die vielen Datenschutzskandale dieser Tage möchte ich betonen: Der Zugriff auf die individuellen Informationen ist strengstens zu reglementieren, der Patient muss immer Herr über seine eigene Akte bleiben, nur er darf über den „Schlüssel" zu ihr verfügen. Bei der Aufnahme ins Krankenhaus wird ihm die elektronische Patientenakte ausführlich erklärt. Nur für den Fall seiner Einwilligung werden Zugriffsrechte vergeben – und zwar nur an jenen Arzt oder jene Ärzte, die der Patient autorisiert hat; auch kann der Patient seine Einwilligung jederzeit zurückziehen oder einen bestimmten Arzt wieder ausschließen. Mechanismen zur sicheren Authentifizierung sowie eine regelbasierte Zugriffskontrolle stellen sicher, dass nur diese berechtigten Personen die Akte einsehen können. Bleibt sie längere Zeit ungenutzt, verfallen die Zugriffsrechte. Die Daten gehen aber nicht verloren und können – wenn vom Patienten gewünscht – für den Notfall bei einer dafür vorgesehenen Einrichtung hinterlegt werden, die dann wieder Zugriff auf die Akte hat. Wird der Patient später erneut vorstellig, kann er neue Rechte vergeben und die Akte reaktivieren lassen. Aus Gründen des Persönlichkeitsschutzes werden die Daten nicht mit der Identität belegt, sondern anonymisiert gehalten. Wo auch immer eine Leistung erfolgt, wird das Datum standardisiert beim Erzeuger eingebucht.

Im Übrigen gilt auch hier, was ich schon zu Beginn dieses Kapitels ausgeführt habe: Wir sollten die Risiken ernst nehmen und mit allen vernünftigen Mitteln minimieren, aber darüber nicht die enormen Chancen verspielen, die diese Innovation eröffnet. Die elektronische Patientenakte stärkt die Stellung des Patienten gegenüber den Leistungserbringern, weil allein er über die Zugangsberechtigung verfügt. Wo sonst im medizinischen Betrieb wird er heute so ausführlich in das Thema seiner persönlichen Daten und die Zugriffsrechte eingeführt, wo sonst erhält er einen „Schlüssel" für ihren Zugang? Davon abgesehen sind die konkreten Vorteile für den Patienten so offensichtlich, dass man sie vernünftigerweise nicht mit dem Hinweis auf den Datenschutz vom Tisch wischen kann.

Ein aktuelles Blutbild vor einer Operation ist zwar auch in Zukunft unerlässlich, selbst wenn Werte des Hausarztes aus der jüngeren Vergangenheit vorliegen. Aber ein Röntgenbild etwa, das der niedergelassene Facharzt angefertigt hat, wird, wenn dieser Arzt zum Netzwerk gehört, automatisch angezeigt; damit entfällt erneutes Röntgen, wenn der Patient die Aufnahmen nicht mitgebracht oder sie gar verlegt hat. Ebenso können Doppelverschreibungen vermieden werden oder gar Kollisionen neuer mit bereits verordneten Medikamenten, weil alle Ärzte in der Behandlungskette Bescheid wissen über relevanten Risiken wie Allergien, Medikamentenunverträglichkeit oder Vorerkrankungen. In der heutigen Praxis befinden sich solche lebenswichtigen Informationen oft gut verschlossen in Karteien

4.2 Die elektronische Patientenakte (WebEPA)

von Hausärzten und müssen dann mit dem entsprechenden Zeitverlust mühsam erfragt und weitergeleitet werden. Von der flüssigen Kommunikation zwischen Hausärzten, Klinikmedizinern und Spezialisten profitieren in ganz besonderem Maß chronisch Kranke, bei denen der Blick auf die *komplette* Krankengeschichte entscheidend sein kann. Dank WebEPA ist es sogar möglich, Spezialisten an allen Orten der Welt per Internet in die Behandlung einzubeziehen. Und auch nach der Entlassung aus dem Krankenhaus kann die Versorgung durch den Hausarzt oder in den Medizinischen Versorgungszentren sinnvoll und flüssig weitergeführt werden.

Nicht zuletzt ist die elektronische Akte – und dies ist die Kehrseite des vorstellbaren Datenmissbrauchs – für den Patienten ein unbestechliches Instrument zur Qualitätskontrolle der an ihm erbrachten medizinischen Leistungen: Denn jeder digitale Zugriff auf die Patientendaten wird aufgezeichnet und ist damit nachvollziehbar. Die qualitativ missbräuchliche Lenkung eines Patienten durch das System kann also jederzeit aufgedeckt werden.

4.2.2 Zur Tumorkonferenz zugeschaltet

All das sind keineswegs Zukunftsvisionen. In vielen Krankenhäusern und Medizinischen Versorgungszentren der Rhön-Klinikum AG profitieren Patienten und Ärzte schon seit vielen Jahren von den Möglichkeiten der WebEPA, auch immer mehr niedergelassene Ärzte aus der Nachbarschaft dieser Einrichtungen schließen sich dem Projekt an und sind damit Teil eines der größten privat finanzierten IT-Vorhaben im deutschen Gesundheitswesen. So diskutieren zum Beispiel Onkologen und Radiologen in Rhön-Kliniken online in so genannten Tumorkonferenzen über komplexe Krebsbehandlungen, gemeinsam greifen sie digital auf alle Untersuchungsergebnisse zu und besprechen diese in Echtzeit, obwohl sie an unterschiedlichen Standorten arbeiten. Früher war die Vorbereitung solcher Konferenzen für die Assistenzärzte in der Regel sehr zeitintensiv, und nicht selten mussten Patienten nur zur Befundung aufwändig verlegt werden.

Nach meiner festen Überzeugung liegt sowohl für den Patienten als auch für die Leistungserbringer in der elektronischen Patientenakte ein noch lange nicht ausgeschöpftes Potenzial, und zwar qualitativ wie ökonomisch. Die WebEPA kann zu einer völlig neuen Kultur der Zusammenarbeit zwischen den kooperierenden Ärzten verschiedener Leistungsebenen führen und medizinisches Spezialwissen zum Patienten bringen, das diesem heute noch vorenthalten wird. Durch die in die Vergangenheit reichenden Vergleichsdaten können wir dem Patienten von heute sein Alter Ego in zwanzig Jahren gegenüberstellen und auf diese Weise dynamische Entwicklungen erkennen und für Behandlung und Therapie auswerten. Schließlich könnten die aggregierten Daten eine fundierte Versorgungsforschung ermöglichen mit dem Ziel, qualitativ hochwertige Behandlungspfade im Netzwerk empirisch zu identifizieren und Pfade minderer Qualität auszusortieren.

Das Ausmaß der Dynamik, die durch die elektronische Vernetzung entfaltet werden kann, können wir heute wohl nur in Umrissen erahnen. Die Vergangenheit hat jedoch in aller Deutlichkeit gezeigt, wie gewaltig die Fortschritte durch die elektronische Vernetzung sind – was vor zwei Jahrzehnten noch für undenkbar gehalten wurde, ist heute Alltag. Die durch die WebEPA entfaltete Dynamik würde mit den Daten jedes neuen Patienten weiter befeuert, denn mit jedem neuen Datensatz über Krankheitsbilder und -verläufe, über erfolgreiche und wirkungslose Therapien, über Komplikationen und Nebenwirkungen würde der globale Datenschatz weiter wachsen zu einem schier unerschöpflichen medizinischen Wissens-Pool, aus dem Mediziner noch mehr für die Behandlung ihrer Patienten herauszulesen lernen. In anderen Branchen beginnt man bereits, solche großen Datenmengen nutzbringend einzusetzen, was unter dem Stichwort Big Data subsumiert wird. Der wissenschaftliche und technische Fortschritt kann sich dadurch erheblich beschleunigen. Gerade in der Medizin ergeben sich ungeahnte Möglichkeiten, unter anderem im Bereich der individualisierten Medizin.

Die Funktionalität der Ärzte wird sich entsprechend wandeln – weg vom fast allwissenden Menschen in Weiß, hin zum Mediziner, der daraus lernt, was ihm der elektronische Erfahrungsschatz an Behandlungsmöglichkeiten vorschlägt; es sind dies – wir kennen es längst von Suchmaschinen – reaktive Strukturen, die modellierend auf das antworten, was an Anfragen bei ihnen aufläuft. Mithin übernimmt der Patient immer mehr die Steuerung seiner eigenen Behandlung.

Natürlich ist mir bewusst, dass solche Termini bei manchen Experten wie Laien einen Aufschrei auslösen werden. Wem meine Wortwahl zu kalt und technokratisch klingt, dem möchte ich meine Sichtweise deshalb noch anders beschreiben: Selbstverständlich sind Maschinen niemals kreativ, nichts ersetzt im Verhältnis zum Patienten den erfahrenen und mitfühlenden Arzt; auch mir wäre, würde ich schwer krank, ein Top-Mediziner und Koryphäe für meine Krankheit allemal lieber als 500 Röntgenapparate. Gleichzeitig weiß ich aber auch, dass selbst ein solcher Top-Arzt nur einen Bruchteil dessen weiß, was elektronisch an Wissen über meine Krankheit und ihre Behandlung weltweit vorliegt; vor allem aber kann meine privilegierte Situation nicht der Maßstab sein für die vielen tausend anderen Menschen mit denselben Symptomen, die aus finanziellen Gründen nie Zugang zu diesem einen „Pharao der Medizin" ganz oben auf der Pyramide bekämen. Mit Hilfe der elektronischen Patientenakte allerdings kämen sie ihm immerhin ein gutes Stück näher.

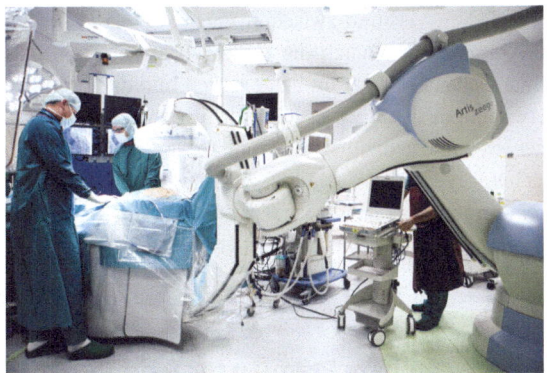

Abb. 13 Hyprid-OP-Saal, Herz- und Gefäßklinik Bad Neustadt (Saale)

4.3 Die Versicherungskomponente

Wie in diesem Buch an verschiedenen Stellen klar geworden ist, bin ich überzeugter Anhänger einer wettbewerblich organisierten Gesundheitswirtschaft. Insofern sollte es niemanden mehr überraschen, dass ich auch bei der Frage der Versicherung im Konzept der Assekuranten Krankenvollversorgung (AKV) selbstverständlich dem Wettbewerb das Wort rede. Konkret folgt daraus, dass ich mir nicht vorstellen kann, dass etwa die Rhön-Klinikum AG eine eigene Versicherung für das AKV-Konzept gründen würde; und auch umgekehrt sollte sich die Versicherungswirtschaft keine Leistungsanbieter-Sparte zulegen. Auch vor dem Hintergrund der negativen Erfahrungen mit Health Maintenance Organizations (HMO) in den USA glaube ich an die positive Kraft der Gewaltenteilung: Krankenhausbetreiber und Versicherungsanbieter sollen im AKV-Konzept ungefähr gleich stark sein und auf Augenhöhe miteinander verhandeln und kooperieren, dies unter den Bedingungen staatlich verordneter Transparenz und der kontrollierenden Macht der Medien. Nur so kann ein ausbalanciertes System wachsen.

Aus der Balance wäre indessen ein System, in dem die einkaufenden Versicherer die Leistungserbringer an sich ketten und zu Handlangern ihrer Interessen machen. Es wäre ein Gesundheitssystem unter finanzwirtschaftlichen Bedingungen; wie verheerend sich ein ungleiches Kräfteverhältnis zwischen Finanz- und Realwirtschaft auswirken kann, haben wir in den vergangen Krisenjahren zur Genüge verfolgt. Was das im Gesundheitssystem für die Patienten bedeutet, erleben sie bereits heute durch mehr oder weniger offen praktizierte Rationierung und Priorisierung – und dies obwohl ihnen suggeriert wird, sie hätten durch ihre Beiträge Anspruch auf die volle Leistungskraft des Systems. Bei einem zu engen gesellschaftsrechtlichen Verbund zwischen Versicherungs- und Gesundheitswirtschaft besteht im Zweifelsfall einfach die Gefahr, dass beide Seiten vor allem ihr gemeinsames finanzielles Ergebnis im Auge haben und damit auf Kosten der Patienten agieren, etwa indem sie die zweit- oder drittbeste Behandlungsmethode, die natürlich billiger ist, zum medizinischen Standard erklären. Es darf niemals passieren, dass Versicherer Ärzte darin schulen, wie man Patienten einredet, diese oder jene Therapie sei unnötig. Das AKV-Konzept basiert auf dem Gedanken, dass Ärzte ausreichend autonom sein müssen und Patienten in ihrer Rolle als nachfragende Kunden gestärkt werden.

4.3.1 Zahlbare Prämien für Jedermann

In meinem Modell der integrierten Versorgung erhalten Versicherte die volle, uneingeschränkte, nicht rationierte und nicht priorisierte Leistung überall und jederzeit auf dem jeweils aktuellen Höchststand der medizinischen Kunst sowie höchsten Service- und Qualitätsstandard. Und dies auf einem Preisniveau, das signifikant niedriger ist als bei der herkömmlichen Zusatzpolice eines privaten Krankenversicherers. Wir haben Wissenschaftler die Prämien des AKV-Modells schätzen lassen, danach wäre zum Beispiel für einen 40-jährigen Erstversicherten eine monatliche Prämie von circa 22 Euro für stationäre Leistungen darstellbar (statt bisher rund 40 Euro, also 45 Prozent weniger), für ambulante Leistungen läge die AKV-Prämie bei 50 bis 60 Euro (statt 130 bis 140 Euro, also rund 60 Prozent weniger). Damit wäre die AKV-Prämie für eine breite Bevölkerungsmasse bezahlbar, ein neues Zeitalter in der Finanzierung des Gesundheitswesens könnte beginnen und das überkommene und mittelfristig unfinanzierbare heutige System ablösen. Dennoch blieben die Versicherten im AKV-Konzept weiterhin Versicherte ihrer bisherigen gesetzlichen oder privaten Krankenkasse (mit der dazugehörigen schlechter werdenden Versorgungsqualität). Bei den GKV-Versicherten würde die Kasse im Wege der Kostenerstattung nur den gesetzlich vorgesehenen Teil erstatten: Der AKV-Patient zahlt im Netzwerk die Rechnung selbst und reicht sie dann bei seiner gesetzlichen Krankenkasse ein; die Differenz zu den tatsächlich anfallenden Kosten trägt die Zusatzversicherung des Netzwerks. Die Versicherten im AKV-Modell „zahlen" aber gewissermaßen noch auf einem zweiten Weg, indem sie sich nämlich dazu bereit erklären, sich an das Netzwerk zu binden und mit dem Krankenhaus über den richtigen Platz und die richtige Form der Behandlung zu diskutieren.

Der geringen, für jedermann bezahlbaren Zusatzprämie für die Mitgliedschaft im Netz bei meinem Modell steht die sozial gestaffelte Selbstbeteiligung im Krankheitsfall in Abhängigkeit von der Finanzkraft des Versicherten gegenüber. Natürlich kann und sollte man politisch über die einkommensabhängige Selbstbeteiligung diskutieren, sie kann ergänzend eingefügt werden, allerdings wird sie nur funktionieren, wenn sie für alle Anbieter verpflichtend ist.

4.3.2 Der Staat in einer neuen Rolle

Entscheidend wird sein, dass wir die Versicherten überzeugen – der Köder muss dem Fisch schmecken, nicht dem Fischer. Unser Argument dabei ist, dass der Versicherte im AKV-Modell bei kleiner Prämie und in einem geordneten Wettbewerb endlich zum selbstverantwortlichen und autonomen Mitgestalter des Systems werden kann. Dabei wird er – wie bereits erwähnt – unterstützt durch starke Patientenorganisationen und kritische Medien. Zusätzlich hat der Versicherte die Möglichkeit, zu einem anderen Versorgungsnetzwerk zu wechseln. Nur so bleibt der notwendige Druck auf die Anbieter erhalten, und zwar bei den Leistungserbringern wie bei den Versicherungsunternehmen. Von diesem Wettbewerbsklima würde übrigens auch jener Teil der Bevölkerung profitieren, der nicht Mitglied eines Netzwerks ist, weil auch nicht netzwerkintegrierte Leistungs- und Versicherungsanbieter unter Konkurrenzdruck gerieten.

Der Staat könnte sich dann auf seine eigentliche Rolle beschränken – auf die des unabhängigen Regulierers und Wächters. Er müsste zum Beispiel den Zugriff auf die Patientenakten datenschutzrechtlich regeln und überwachen. Es bedürfte zudem einer starken kartellrechtlichen Kontrolle der bundesweiten Netzwerke, von denen keines zu groß und mächtig werden darf. Der Staat könnte dann endlich die unheilvolle Interessenvermischung aufgeben, die darin besteht, dass er – unter Verletzung des Subsidiaritätsprinzips – eigene Krankenhäuser betreibt, obwohl genügend private Betreiber vorhanden sind, und gleichzeitig Regeln erlässt und Kontrolle ausübt, die seine eigenen Interessen tangieren. Der Staat ist wie ein Schmied, der ständig in der Gefahr ist, sich beim Eisenschmieden selbst auf die Hände zu schlagen, und der, wenn er die Interessen der Patienten rigoros durchsetzt, in der Mehrheit der Fälle gegen seine eigenen Mitarbeiter und Eigentumsinteressen handelt. Es gehört nicht viel Phantasie dazu, sich vorzustellen, wie eine Qualitätsverordnung aussehen würde, wenn der Staat keine eigenen Krankenhäuser betreiben würde. Durch die vollständige Privatisierung des Gesundheitsmarktes würde der Staat seine Handlungsfähigkeit in der Steuerung der Prozesse und seine Schiedsrichterfunktion im Ausgleich der Interessen wiedergewinnen, er wäre Herr seiner staatlichen Entscheidungen und bliebe nicht Knecht seiner eigenen Unternehmen.

Gerade in einer Zeit, in der das Gesundheitswesen einem so dramatischen Wandel unterworfen ist wie heute, brauchen wir zum Schutz der Schwachen einen starken Staat, der nicht am Schürzenzipfel seiner eigenen Vergangenheit hängt. Wenn der Staat sich weiterhin um die Frage der Sicherung seiner eigenen Besitzstände kümmert und nicht um die Spielregeln für Versorgungssysteme, werden Gesundheitsanbieter entstehen, die im Sinne der Patientenschutzes kaum mehr beherrschbar sind. Gefordert sind aber auch die Leistungserbringer, wenn sie die Lücke schließen wollen, die ein sich zurückziehender Staat hinterlässt. Wenn sie sich nicht zu neuen Antworten aufraffen, werden sie am Ende diejenigen sein, die ihren Patienten an der Tür erklären müssen, dass alles, was die Politik ihnen versprochen hat, so nicht gehalten werden kann.

Entgegen den Beteuerungen der Verteidiger des Althergebrachten deuten alle Trends in die Richtung von Leistungsreduzierungen – entweder für alle nach dem Modell sozialistischer Mangelwirtschaft, oder für die große Mehrheit bei gleichzeitiger Herausbildung einer separaten Versorgung für eine Minderheit von Finanzstarken. Wenn aus Besitzstandsgründen weiterhin am bestehenden System festgehalten wird, wird dessen soziale Ausrichtung, die es zu Beginn zweifellos einmal hatte, genau von jenen zerstört werden, die vorgeben, es erhalten zu wollen. Mit anderen Worten: Verhinderte Rationalisierung mündet in die Rationierung, und Rationierung mündet in die Selektion durch ein Mehrklassensystem.

Die dauerhafte Absicherung der Versorgungsqualität und der Versorgungssicherheit der breiten Bevölkerung mit hochwertiger und bezahlbarer Medizin ist ein überragendes Gut und von hohem sozialen und volkswirtschaftlichem Nutzen. Die soziale Marktwirtschaft kann dies leisten, wenn mit geeigneten Preis- und Anreizsystemen Wettbewerb um Patienten als „Kunden" geführt werden kann. Die Erfolge des alten Systems sind wie alle Erfolge von gestern. Der Weg führt nur über Veränderung.

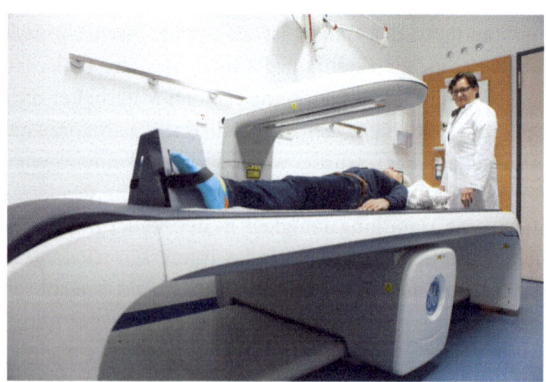

Abb. 14 Osteoporose-Untersuchung, Universitätsklinikum Gießen und Marburg, Standort Marburg

Interviews mit namhaften Gesundheitsexperten 5

5.1 „Freiheit besteht in der Verfügbarkeit von Alternativen" – Interview mit Karl-Heinz Schönbach, Geschäftsführer Versorgung beim AOK-Bundesverband

▶ Karl-Heinz Schönbach ist seit 2008 Geschäftsführer Versorgung beim AOK-Bundesverband. Er war zuvor als Vertragsexperte und für den Sachverständigenrat Gesundheit tätig. Seit 1987 ist er Herausgeber der Zeitschrift „Gesundheits- und Sozialpolitik". In den 1990er Jahren hatte Schönbach den ersten Modellversuch mit kombinierten Budgets für Praxisnetze gestartet und sich für die „Integrierte Versorgung" stark gemacht. In den 2000er Jahren gründete er erfolgreich verschiedene Managementgesellschaften. Im Kern sieht er die Krankenkassen in der Versorgungsfunktion und würde eine höhere Wertschöpfung der Gesundheitsverwaltungswirtschaft begrüßen.

Herr Schönbach, die Knappschaft mit ihren prosper-Netzen scheint zu demonstrieren, dass integrierte Versorgung heute hohe medizinische Qualität mit wirtschaftlichem Erfolg verbinden kann. Könnte das auch ein Weg für die AOK sein?

Schönbach: prosper ist zweifellos ein interessanter Ansatz, den sich viele Politiker und natürlich auch wir schon Übertage genau angeschaut haben. Interessant deshalb, weil er nicht im „Modellstadium" geblieben ist, sondern sich in der Praxis für die Knappschaft zu rentieren scheint. Aber man muss auch fragen, ob hier nicht durch Einweisungssteuerung bei den beteiligten Ärzten Auslastungsvorteile in den Netz-Krankenhäusern der Knappschaft zulasten anderer Krankenkassen und gegebenenfalls der eigenen Krankenversicherung erzielt werden. Die prosper-Netze sind bei der Knappschaft ja nicht Teil der Krankenversicherung, sondern werden von der Krankenhaussparte geführt.

Also interessant, aber trotzdem kein Modell, an dem sich die AOK etwas abschauen will?

Schönbach: Die besondere Situation der Knappschaft muss einbezogen werden, die aus ihrer Tradition Untertage herrührt: Die Versicherten dort hatten früher keine freie Arztwahl und waren in Bergbauregionen durch Knappschaftsärzte und eigene Krankenhäuser an die Knappschaft gebunden. Dieses System ist inzwischen liberalisiert, aber die Bindung wirkt bei einem hohen Anteil älterer Versicherter durchaus fort. Die AOK dagegen ist eine Flächenkasse mit hohen Marktanteilen auch außerhalb der Ballungsräume. Die AOK kann ihre Versorgungspolitik nicht auf wenige regionale Zentren konzentrieren, als Flächenkasse müssen wir Flächenverträge vorziehen.

In der Cafeteria Ihres Bundesverbands hängen viele Bilder, auf denen der Begriff „Innovation" zigfach zelebriert wird. Wo und wie innoviert die AOK?

Schönbach: Versorgungsforschung gehört zu unserem Markenkern. Die AOK hat inzwischen unzweifelhaft einen beträchtlichen Vorsprung, wenn es gilt, die nachhaltige Qualität medizinischer Leistungen zu messen und zu beurteilen. Die besten medizinischen Ergebnisse hat ja kurzfristig der Arzt, der in hoher Zahl Patienten versorgt, die nicht wirklich krank sind. Wir schauen aber nicht nur, ob die Leistung von der Indikation her gesichert ist. Die von uns entwickelten und bundesweit angewandten Qualitätsindikatoren erkennen den guten Arzt vor allem daran, dass möglichst keine Komplikationen, Wiedereinweisungen mit der gleichen Diagnose oder Folgeerkrankungen und medizinisch unerwünschte Vorfälle auftreten. Solche Forschungserfolge verbinden sich bei der AOK einerseits mit der Fähigkeit, darüber auch Konsensprozesse mit der Medizin zu führen. Andererseits verbinden sich die Ergebnisse mit der Verhandlungsstärke der AOK in der Fläche. Auf dieser hochwertigen Basis entwickeln wir Informationssysteme für Versicherte, vergeben Zertifikate an Klinken, schließen neue Integrierte Verträge mit Krankenhäusern. Zurzeit sprechen wir aber auch mit zahlreichen Praxisnetzen niedergelassener Ärzte über Indikatorensets, mit denen sie ihren Qualitätsstandard vergleichen können. Zudem ist die Kombination besonderer Versorgungsformen beim Hausarzt und Facharzt durch die AOK Baden-Württemberg sicherlich ohne Beispiel. Dort werden zurzeit neue Wege gesucht, Krankenhäuser für planbare Leistungen vertraglich in die Versorgungskette einzubeziehen. Die Vielfalt der regional aufgestellten AOKs bringt unterschiedliche Lösungswege hervor, und auch die Zauderer haben in einer komplexen Welt Argumente. Ich tue mich überhaupt schwer mit allein selig machenden Strategien. Gerade im Gesundheitsbereich gehören Freiheit und das Ringen um Lösungen untrennbar zusammen. Das sehe ich ganz pragmatisch.

Ganz pragmatisch muss man konstatieren, dass manche ländlichen Gegenden heute schon teilweise stark unterversorgt sind. Was tun?

Schönbach: Absolut, da sind wir als AOK gefordert. Der Sicherstellungsauftrag liegt bei den Krankenkassen. Auf die Kassenärztlichen Vereinigungen fällt er mit dem Gesamtvertrag. Wenn aber der Gesamtvertrag in strukturschwachen Räumen nicht mehr erfüllt wird, sind die Krankenkassen selbst wieder in der Pflicht. Probleme gibt es nicht nur im ländlichen Raum. Regionale Unterversorgung findet sich auch in großflächigen Planungsbezirken der Ballungsräume. Die Ärzte drängt es in Gebiete mit hohem Anteil privater Abrechnungsmöglichkeiten. Die Ärzte testen die Grenzen des Geschäftsmodells der PKV. Und nicht zuletzt deswegen schwächeln unsere Pflichtvertragspartner, die Kassenärztlichen Vereinigungen, bei der Verteilung der Arztsitze. Daran hat auch das Versorgungsstrukturgesetz wenig geändert. Der Rückgang der Zahl der Hausärzte wird zwar durch angestellte Ärzte vollständig kompensiert. Dies bleibt aber auf Ballungsräume beschränkt. Deshalb geht in unterversorgten Räumen an vernetzten Strukturen kein Weg vorbei. Das gilt zum einen für Praxisnetze ambulanter Ärzte. Zum anderen müssen die Krankenhäuser per Dienstauftrag Schritt für Schritt in die ambulante Versorgung einbezogen werden. Zudem braucht die Krankenversicherung hier neue Optionen der Sicherstellung, etwa Ausschreibungsrechte, wenn bestimmte Versorgungsniveaus unterschritten werden.

Könnte eine „neue Antwort" nicht auch darin bestehen, wie die Knappschaft eigene AOK-Krankenhäuser zu betreiben, um die Versorgung zu sichern?

Schönbach: Die Knappschaft, einige BKKs und selbst die private Krankenversicherung mit der Sana-Gruppe geben dafür ja Beispiele. Aber neue Eigeneinrichtungen sind gesetzlich verwehrt. Somit sind wir auf Verträge verwiesen. Das Problem hier ist eher die Kombination aus einer fortschreibenden Krankenhausplanung, die vom DRG-System überrollt wird, und mangelnder Investitionsfinanzierung. Es sind Überkapazitäten im Markt gelassen und alimentiert worden. Hier besteht zentraler Reformbedarf, aber nicht, um Eigeneinrichtungen zu etablieren. An dieser Stelle ist es wohl angebracht, den schillernden Begriff der HMO (Health Maintenance Organization) – und das wären wir ja als Krankenkasse mit eigenen Krankenhäusern – etwas zu entzaubern, weil manchmal so getan wird, als könnten HMOs die „Rettung vor dem Chaos" sein. HMOs stammen ursprünglich aus dem völlig deregulierten Gesundheitswesen der USA und haben dann im ebenfalls deregulierten Schweizer Markt eine gewisse Karriere gemacht.

Das deutsche Gesundheitswesen ist aber hoch reguliert ...

Schönbach: ... so ist es, und ordnungspolitisch sinnvolle Regulierung ist auch unabdingbar. Allerdings ist die Überregulierung anzugreifen, die nicht mit Regeln der

Sicherung qualitativer Versorgung dem Wettbewerb dient, sondern die Monopole und standespolitische Pfründe sichert. Dazu braucht es aber keine HMOs nach US-Vorbild, wir haben in der gesetzlichen Krankenversicherung eigene Wege, und das kann auch die sektorenübergreifende, qualitätsorientierte Netzwerkmedizin sein...

... an der die AOK aber nur hier und dort experimentiert.

Schönbach: Um die Trennung des ambulanten und des stationären Sektors zu überwinden und zunehmend integrierte Versorgung leisten zu können, werben wir für größere Gestaltungsspielräume. Heute sind unsere Partner für wettbewerbliche Verträge ohne Ausnahme in einer Art Parallelvertragsrecht bereits mit kollektiven, staatlich regulierten Verträgen ausgestattet. Hier gilt Kontrahierungszwang mit Schiedsregelungen: Nichteinigung ausgeschlossen. Deshalb müssen wir heute in wettbewerblichen Verträgen regelmäßig Prämien für die Leistung zahlen, die kollektivvertraglich schon vereinbart ist. Die Frage ist, ob sich mit der höheren Vergütung komparative Nutzenzuwächse erzielen lassen. Das ist zwar regelmäßig der Fall, aber ein Vertragspartner kann stets auf den Zwangsvertrag zurückfallen. Das bedeutet, dass die Investitionsperspektive für die Krankenkassen relativ instabil ist, und es schafft natürlich kein gutes Klima für Innovationen. Deshalb brauchen wir eine Lockerung des Kontrahierungszwangs. Bewegt sich die Politik allerdings tatsächlich vom Kontrahierungszwang gegenüber jedem (!) Anbieter zu einer konditionierten Vertragspflicht mit dem versorgungsnotwendigen Angebot, sieht die Sache anders aus. Die AOK und andere Krankenkassen wären dann in der Lage, in Gebieten mit einem hohen Überangebot an Ärzten und Krankenhäusern Verträge auf die qualitativ besten Angebote zu konzentrieren. Es erhielten zum Beispiel „nur" 95 Prozent der Anbieter einen Vertrag mit allen Krankenkassen. In Gebieten mit Unterversorgung müsste die Vertragspflicht nach sich ziehen, dass nach dem Standard einer hinreichenden Versorgung ausgeschrieben werden muss. Hier müssen zusätzliche Anbieter angezogen und/oder effizientere Versorgungsstrukturen eingeführt werden. Nur so kann die GKV allokativ wirklich etwas bewegen. So geht`s mit der Sicherstellung! Schließlich haben die Versicherten einen durch Beiträge begründeten Anspruch auf Schutz vor schlechter Qualität und Schutz vor Unterversorgung. Dieser Anspruch der Versicherten ist gefährdet.

Hat also die Politik den „Schwarzen Peter"?

Schönbach: So würde ich es nicht formulieren, aber die Politik kann sich nicht auf Fensterreden beschränken, wenn in immer mehr Gegenden ganz real Ärzte, Schwestern, Pfleger, Psychotherapeuten, und Physiotherapeuten fehlen. Sie sollte auch nicht wegschauen, wenn in Ballungszentren etwa Hüft- und Knieersatzoperationen rasant zunehmen, bei denen jeder siebte Patient kurzfristig wieder im Krankenhaus liegt. Das ist keine Wertschöpfung. Hier steht die Politik vor ökonomisch induzierter Überbehandlung und teils gravierenden Behandlungsrisiken. Kurzum: Deutschland bildet international gesehen die meisten Ärzte aus und hat die höchste Krankenhaus- und Ärztedichte. Die Politik lässt sich aber ein Angebotsproblem suggerieren, das strukturkonservativ mit „mehr Geld" zu heilen sei. Da sind wir eher beim „Peter-Prinzip".

Was ist falsch an den herrschenden Strukturen?

Schönbach: Den Kontrahierungszwang habe ich bereits angeführt. Wir haben im Kern auf allen Versorgungsstufen staatlich geschützte Vertragsmonopole, deren atomistisch aufgestellte Einzelakteure nur schwach vernetzt sind und negative externe Effekte produzieren können, indem sie diejenigen Patienten, die keinen oder zu wenig Deckungsbeitrag bringen, an die nächste Stufe verweisen (können) – es besteht mithin latent die Möglichkeit zur Risikoselektion. Es besteht somit keineswegs die Gewähr oder hinreichende Transparenz, dass das geleistet wird, was dem Patienten den größten Nutzen bringt anstelle von Deckungsbeitrag und Zielvereinbarungsprämie. Jeder kennt die Diskussionen über Prostata-Operationen, Rückenwirbelverblockung und Knie- oder Hüft-OPs und zahlreiche ambulante Operationen, die Ärzte an sich selber oder ihren Familien nur im äußersten Notfall machen lassen würden. Leistungserbringer haben heute einen Vertragsanspruch selbst dann, wenn ihre Komplikationsrate beim Mehrfachen des Durchschnitts liegt. Ja, sie haben es nicht einmal nötig, in eine Klärung der Ursachen einzutreten. Vielmehr werden Krankenkassen verklagt, die ihren Versicherten Informationen dazu – und sei es in mehrfach gefilterter Form – zugänglich machen. Da ist das System defekt. Die Kollektivverträge dienen im Kern zur regelgebundenen Mittelbeschaffung für Leistungen, deren Bedarf – als „Morbidität" dokumentiert – neue Mittel beschafft. Wir brauchen stattdessen auf allen Ebenen mehr Patientenorientierung, vertrauenswürdige Qualitätstransparenz, wettbewerbliche Wahlmöglichkeiten und primär versorgungsinhaltlich statt monetär orientierte Versorgungsaufträge. Wenn sich Partner finden lassen, die etwa in qualitätsgesteuerten Netzwerken dazu in der Fläche relevante Angebote entwickeln, ist das eine Alternative. Das auf eine atomistische Marktstruktur aufgesetzte staatliche Zwangsmanagement durch mit Verhandlungsmonopol ausgestatte Vereinigungen könnte ebenso wie die planungsfreie Krankenhauszulassung der Länder sehr gut eine inhaltliche Alternative vertragen. Es kann nicht sein, dass die in einem freiheitlichen Land für das Gesundheitswesen Verantwortlichen allen Ernstes auf eine Alternative verzichten. Freiheit besteht nicht in der Gewöhnung an Kartelle, sondern in der Verfügbarkeit von Alternativen. Aber, im Vertrauen, eine solche Diskussion neu bei den Gesundheitspolitikern zu beginnen, wäre eher ungeschickt.

5.2 Plädoyer für regionale Medizin-Netzwerke – Interview mit Dr. Reinhard Wichels, Geschäftsführer der WMC Healthcare GmbH

▶ Dr. Reinhard Wichels, 42, stammt aus einer Arztfamilie und ist selbst Mediziner. Von 1997 bis 2001 arbeitete er in den Bereichen Innere Medizin und Kardiologie u. a. am Klinikum Großhadern der LMU München. Von 2001 an war er Berater bei McKinsey und hat in dieser Funktion viele Dutzend Projekte in kommunalen, privaten und konfessionellen Krankenhäusern verantwortlich begleitet. Seit Anfang 2013 ist er Geschäftsführer des Beratungsunternehmens WMC Healthcare GmbH in München.

Herr Dr. Wichels, Sie sind Arzt und haben sich als Berater unter anderem als Leiter des Bereichs Krankenhausmanagement bei McKinsey intensiv mit der Materie befasst. Betrachten Sie das deutsche Gesundheitswesen als einen Teil der sozialen Daseinsfürsorge oder sehen Sie darin eher einen Teil der produzierenden Wirtschaft?

Dr. Wichels: Beides trifft zu: In vielen Bereichen des Gesundheitswesens haben privatwirtschaftliche Impulse zu deutlichen ökonomischen und auch qualitativen Verbesserungen geführt. Insbesondere die privaten Krankenhausträger haben sich in den vergangenen Jahren als Taktgeber herauskristallisiert und Mechanismen etabliert, die zeitnah von öffentlichen und kirchlichen Trägern übernommen wurden. Ohne diese Impulse wäre das deutsche Krankenhauswesen sicherlich nicht mehr unter den Besten der Welt zu finden. Allerdings bin ich auch überzeugt, dass man die Versorgungssituation von Patienten nicht nur den Kräften des freien Marktes überlassen darf. Die Rolle eines Regulators, der in einem ansonsten marktorientierten System korrigierend eingreift, ist absolut sinnvoll.

Wie steht es um dieses System? Geht es nur darum, aus einem guten deutschen Gesundheitswesen ein besseres zu machen, oder droht ein dramatischer Abstieg, wie manche behaupten?

Dr. Wichels: Bei aller Bescheidenheit, wir haben eines der besten Gesundheitssysteme der Welt. Flächendeckende Versorgung auf einheitlich hohem Niveau, hohe fachliche Spezialisierung, eine einzigartige Notfallversorgung, bei der innerhalb von Minuten Notfallmediziner und Rettungssanitäter vor Ort sind – welches andere Land kann so etwas vorweisen? Darüber hinaus sind Aus- und Weiterbildung unserer medizinischen und pflegerischen Fachkräfte international höchst anerkannt.

5.2 Plädoyer für regionale Medizin-Netzwerke – Interview ...

Und dieses hohe Versorgungsniveau bekommen wir zu relativ günstigen Preisen: Ein stationärer Aufenthalt kostet im Schnitt rund 3.500 Euro , diese Summe haben Sie in den USA schon verbraucht, wenn Ihnen ein Arzt die Hand schüttelt.

In Summe ziehe ich also ein positives Fazit zum Versorgungsstandort Deutschland: Wenn schon ernsthaft krank werden, dann am liebsten hier! Wir müssen uns nur über eines im Klaren sein: Die Vorhaltung von Strukturen und damit die Sicherheit einer schnellen und hervorragenden Versorgung kostet Geld. Und zwar deutlich mehr, als derzeit bereitgestellt wird.

Also alles bestens, kein wirklicher Handlungsbedarf – einfach nur mehr Geld?

Dr. Wichels: Das habe ich nicht gesagt, tatsächlich ist die Situation nicht gerade einfach. Zunächst sind nach Jahren der Budgetrestriktion einfach viele Hebel ausgereizt. Ein Beispiel: In der Regel leisten sich Krankenhäuser in einer Nachtschicht noch eine Vollkraft-Krankenpflege für die Versorgung von 30 Patienten – da ist nicht mehr viel Luft zum Einsparen.

Wenn wir heute über eine Weiterentwicklung der stationären Krankenversorgung sprechen, dann sind grundlegendere Änderungen von Prozessen und Strukturen notwendig. Ein besonders einprägsames und häufig zu beobachtendes Beispiel sind kleinteilige Strukturen in den Funktionsbereichen, insbesondere in kleinen und mittelgroßen Häusern. Diese sind häufig erheblich unterfinanziert, das heißt, die Vergütung der erbrachten Leistungen reicht nicht aus, um die Mindestvorhaltung an Personal und Infrastruktur zu finanzieren. Das schreit nach höherer Flexibilität bei bereichsübergreifender Personalbesetzung. Ein weiteres Beispiel ist die interdisziplinäre Belegung in den Stationsbereichen, die nicht konsequent genug verfolgt wird, obwohl sie in vielen Situationen deutlich günstiger ist.

Solche Strukturänderungen sind für zahlreiche Häuser derzeit noch vermintes Gelände, denn da wird das medizinische Kerngeschäft in seinen angestammten Abläufen und Strukturen verändert. Und das funktioniert nur mit der Unterstützung der verantwortlichen Mediziner – diese machen nur mit, wenn im Gegenzug umfassende Transparenz gewährleistet wird und geeignete Steuerungsinstrumente zur Verfügung stehen.

Das hört sich an, als ginge es mittlerweile ans „Eingemachte"?

Dr. Wichels: Die kurze Antwort lautet: Ja, es geht ans Eingemachte. Die in den letzten Jahren auf den Weg gebrachten Maßnahmen des Gesetzgebers zeigen langsam Wirkung. Erhöhter Wettbewerbsdruck und Tarifentwicklung bringen zahlreiche Häuser an ihre Grenzen.

Bisher konnte überproportionales organisches Wachstum, das heißt die Steigerung von Fällen oder Schweregraden, für einen Ausgleich sorgen. Ein durchschnittliches Wachstum des Leistungsvolumens von fünf bis sechs Prozent pro Jahr, wie es die regionalen Marktführer häufig aufweisen, gibt auf der Kostenseite erheblichen Spielraum. Allerdings beobachten wir in den letzten Monaten auch bei bisher wachstumsstarken Unternehmen eine Stagnation der Leistungsentwicklung. In diesem Jahr sehen wir diesen Effekt flächendeckend über Regionen und Trägergruppen hinweg. Bleibt das geplante Wachstum aus, drohen sofort erhebliche wirtschaftliche Konsequenzen. Daher überrascht mich auch die Welle an negativen Ergebnisaussichten nicht.

Mit steigenden Personal- und Materialkosten werden doch auch andere Branchen fertig. Warum tut sich der Gesundheitssektor so schwer damit?

Dr. Wichels: Wie gesagt, das für die Gesundheitsversorgung vorhandene Budget wird von der Politik und den Kostenträgern sehr erfolgreich kontrolliert. Seit den 1990er Jahren steigen die Gesundheitsausgaben im Verhältnis zum BIP in Deutschland deutlich langsamer als in anderen Ländern. Das funktioniert nur, weil unter anderem in der stationären Versorgung bereits erhebliche Einsparungen realisiert wurden.

Die Konsequenzen sind nun an vielen Ecken zu spüren, beispielsweise fehlen rund 50 bis 70 Milliarden Euro an Investitionsmitteln, um die Infrastruktur der deutschen Krankenhäuser wieder auf den neuesten Stand zu bringen. Mittlerweile reagiert der Gesetzgeber mit regelmäßigen Sonderzahlungen: Für 2013 und 2014 sind rund 1,1 Milliarden Euro an zusätzlichen Finanzhilfen genehmigt worden.

Und tatsächlich sind Einsparungen in der stationären Versorgung mit höherem Risiko behaftet – im Gegensatz zu anderen Industrien geht es nicht um die möglichst schnelle und fehlerfreie Herstellung eines Werkstücks, sondern um Gesundheit und Leben von Patienten. Da sind durch übermäßige Einsparungen verursachte Qualitätsmängel programmiert. Darüber hinaus unterscheiden sich die Ansichten von Krankenhäusern und Kostenträgern auf der einen und Patienten als Leistungsempfänger auf der anderen Seite: Letztere wollen natürlich nicht, dass in ihrem ganz persönlichen Fall an der Versorgung gespart wird.

Es muss also etwas passieren. Aber was?

Dr. Wichels: Eine einfache Lösung gibt es nicht. In diesem komplexen System muss eher an einer Vielzahl von Rädchen gedreht werden: Erstens muss mehr Geld ins System, wenn die aktuelle Zahl von etwa 2.000 stationären Versorgungseinrichtungen erhalten bleiben soll. Dies kann entweder über Steuern gegenfinanziert werden oder über höhere Beiträge der Versicherten erfolgen – entweder per Beitragssatzerhöhung, durch einen Zusatzbeitrag oder durch eine „Beteiligung" im Versorgungsfall. Zweitens muss auch die Anzahl an erbrachten Leistungen hinterfragt werden. Jeder soll bekommen, was *notwendig* ist, aber es ist auf Dauer nicht finanzierbar, dass jeder bekommt, was *möglich* ist. Da haben wir Hausaufgaben zu machen: Mit rund 18 Millionen Krankenhausaufenthalten und 15 Millionen operativen Eingriffen liegt Deutschland im internationalen Vergleich an der Spitze.

Beide Themenfelder – Kassenbeiträge beziehungsweise mehr Eigenleistung sowie Rationierung – spielen stark im politischen Raum. Was können die Krankenhausträger selbst leisten?

Dr. Wichels: Zum einen können sie sich mit innovativen Betriebskonzepten auseinander setzen. Integration der stationär-ambulanten Bereiche, Flexibilisierung des Ressourceneinsatzes, neue Berufsgruppen in den patientennahen Bereichen – ich bin sicher, in den nächsten Jahren werden wir zahlreiche Innovationen sehen.

Zum anderen – und darin liegt das größere Potenzial – werden sich Netzwerke ausbilden, in denen medizinische Versorgung zwischen den beteiligten Einrichtungen koordinierter abläuft und dadurch die Leistungsfähigkeit der Einrichtungen deutlich fokussierter und damit besser abgerufen werden kann.

Es gibt zahlreiche Beispiele, in denen dies bereits auf regionaler Ebene hervorragend funktioniert. Diesen regionalen Netzwerken ist gemein, dass die Zusammenarbeit niedergelassener Ärzte, Krankenhäuser und Reha-Einrichtungen unter Begleitung von Kostenträgern nach abgestimmten Kriterien erfolgt. Dabei gibt es starke Anreize auch für die Krankenhäuser, stationäre Versorgung auf das notwendige Maß zu reduzieren und unnötige Krankenhausaufenthalte zu vermeiden. Solche Netzwerke können 15 bis 20 Prozent Effizienzreserven heben und dies – im Gegensatz zu den HMOs in den USA – ohne die freie Arztwahl einzuschränken.

Wie können solche Konzepte größere Kreise ziehen? Oben sagen Sie ja, dass es schon „zahlreiche Beispiele" auf regionaler Ebene gibt.

Dr. Wichels: Zunächst gibt es in Deutschland erfolgreiche Modelle, zum Beispiel die prosper-Modelle der Knappschaft Bahn See, die ihren Mehrwert in unterschiedlichen Regionen bereits nachgewiesen haben. Dabei profitiert man von der Verbundstruktur, gleichzeitig Leistungserbringer und Kostenträger zu sein.

Darüber hinaus wird diese Entwicklung interessanterweise auch von privaten Krankenhausträgern gefördert, so verfolgen zum Beispiel Eugen Münch und der Rhön-Konzern das Thema „Netzwerkmedizin". Dies scheint zunächst widersprüchlich, denn warum sollte ausgerechnet ein Krankenhauskonzern zur Fallvermeidung beitragen? Auf den zweiten Blick macht dies aber Sinn: Wenn das bisherige Budget auf eine insgesamt reduzierte, aber tatsächlich notwendige Anzahl stationärer Fälle verteilt wird, kann endlich ein angemessenes Vergütungsniveau erreicht werden. Und gleichzeitig ermöglicht ein verbindliches Regelwerk innerhalb des Netzwerks, dass komplexe Fälle endlich in dafür vorgesehenen Kompetenzzentren konzentriert werden können. Obwohl dieser Aspekt breiten Konsens findet, läuft eine solche Konzentration bisher dem Interesse kleinerer und mittelgroßer Häuser entgegen und lässt sich daher nicht umsetzen.

Insgesamt profitieren Versicherte direkt von der höheren Effizienz und der besseren Qualität funktionierender regionaler Versorgungsmodelle. Sollte dies zunächst mit erhöhten Kosten verbunden sein, wird eine Vielzahl von Versicherten dies in Kauf nehmen.

Das heißt, Netzwerkmedizin ist in einem ersten Schritt mit Mehrkosten verbunden, bevor Effizienzreserven diese Mehrkosten wieder ausgleichen. Wie kann denn eine Finanzierung dieser Mehrkosten aussehen?

Dr. Wichels: Nehmen Sie das Beispiel des „Helios Clubs": Eine Krankenhauskette bietet ihren Mitarbeitern in Zusammenarbeit mit einer Privaten Krankenversicherung eine Art kostenfreie Zusatzversicherung zur Behandlung in den eigenen Einrichtungen an. Die meisten Mitarbeiter dürften dieses Angebot dankend annehmen.

Darüber hinaus möchte ich noch darauf hinweisen, dass eine Zusatzversicherung nicht die Finanzlöcher des deutschen Krankenhauswesens stopfen kann. Derzeit liegt das Gesamtvolumen für private Zusatzversicherungen bei rund 300 Millionen Euro – das ist ein Bruchteil der 70 Milliarden Euro des gesamten stationären Bereichs.

Wie groß kann so ein Netzwerk sein? Könnte es auch das ganze Bundesgebiet abdecken?

Dr. Wichels: Das ist sehr schwer zu beantworten. Im Moment jedenfalls bewähren sich solche Medizin-Netzwerke vor allem auf regionaler Ebene, weil dort die Größe und Komplexität beherrschbar sind und weil sich die beteiligten Einrichtungen und handelnden Personen kennen. Darüber hinaus gibt es einen ganz praktischen Grund für den Versicherten: Weder für den Patienten noch für die Angehörigen ist es vermittelbar, im Krankheitsfall eine lange Anreise in Kauf zu nehmen. Dies akzeptiert der Patient nur in Einzelfällen, wenn das Haus spür- und messbare Qualitätsvorteile in der Versorgung bietet.

Das führt aber dazu, dass auch regionale Netzwerke eine gewisse Größe und Kompetenz in genügend medizinischen Disziplinen vorhalten müssen. Ansonsten suchen die Versicherten Rat und Versorgung eher außerhalb des Netzwerks.

5.3 „…als gäbe es keine Sektorengrenzen mehr" – Interview mit Hans Adolf Müller, Leiter Gesundheitsmanagement der knappschaftlichen Gesundheitsnetze prosper und proGesund

▶ Hans Adolf Müller war bis Oktober 2013 Leiter des Managements der knappschaftlichen Gesundheitsnetze prosper und proGesund. Unter dem Dach der in Bochum sitzenden Krankenversicherung haben sich rund 2.000 Haus- und Fachärzte sowie 15 Krankenhäuser mit rund 7.000 Betten zu acht integrierten Vollversorgungs-Gesundheitsnetzen zusammengeschlossen, die im Westen und Osten Deutschlands sowie im Saarland rund 250.000 Versicherte betreuen. Hans Adolf Müller steuerte den Aufbau der Netze seit ihren Anfängen 1998 und war in Personalunion auch Leiter der beteiligten Netz-Krankenhäuser.

Herr Müller, Sie bezeichnen die prosper-Netze der Knappschaft als die einzige HMO Deutschlands und erzielen damit nach Ihrer Darstellung große Erfolge. Wenn es so ist – warum gibt es keine Nachahmer?

Müller: Das frage ich mich auch immer wieder: Warum machen es die anderen nicht? Immerhin hat sich 2005 die DAK bei uns als Kooperationspartner eingekauft. Die generelle Zurückhaltung hat zum einen mit einem Mangel an Mut der Verantwortlichen zu tun. Zum anderen liegt es auch daran, dass sich kaum jemand ernsthaft mit dieser in Deutschland relativ jungen Versorgungsform beschäftigt. Die Krankenkassen gehen klassischerweise davon aus, dass sie mit den Leistungserbringern Verträge abschließen – und das war es dann. Bei uns ist das anders: Aus unserer Historie heraus sind wir Krankenhausträger und Kassenärztliche Vereinigung – unter dem Dach einer Krankenversicherung, der Knappschaft. Wir sind also Versicherer und Versorger und haben uns entschieden, gegen eine Gebühr auch das Management für die Steuerung der Netze zu leisten, sowohl im niedergelassenen als auch im Krankenhausbereich. Diese Managementgesellschaft ist ein kleines Institut für Versorgungsforschung mit eigenen Managed-Care-Referenten, die sämtliche Prozesse in den Netzen messen; dazu kommen Netzwerkkoordinatoren in jedem Netz und eine Schnittstellengruppe im Krankenhaus, in der jede Woche die Arbeit im niedergelassenen und im stationären Bereich besprochen wird. Schließlich gibt es einen gewählten Netzvorstand, der von den Niedergelassenen dominiert wird, sowie eine Netzwerkkonferenz aller niedergelassenen und stationären Ärzte. Mit dieser sehr lebendigen und selbstverwalteten Organisationsform steuern wir rund 250.000 Versicherte und 2.000 Ärzte in acht Netzen. Ich behaupte mal: Niemand im deutschen Gesundheitswesen ist in der Lage, sektorübergreifende Netze so professionell zu steuern wie wir.

Vor einigen Jahren gab es einmal eine staatliche Anschubfinanzierung für die integrierte Versorgung...

Müller: ... ja, aber bei den meisten Krankenkassen gilt das geflügelte Wort: Wenn ich ein Glas Milch trinken will, muss ich nicht gleich eine Kuh schlachten – soll heißen: Man schloss mal hier einen kleinen Vertrag über Hüftoperationen und mal dort einen über Knieoperationen, wobei die Leistung aus der Anschubfinanzierung bezahlt wurde; als die aufgebraucht war, standen die Kassen ohne Businessplan da und das Thema war wieder beendet.

Wie funktioniert Ihr Modell?

Müller: Mit einem wissenschaftlichen Institut haben wir ein System entwickelt, mit dem wir jedes Quartal die Kosten unserer Netz-Versicherten mit den Kosten ihrer statistischen Zwillinge in der Regelversorgung vergleichen. Wenn das Kostenwachstum in der Regelversorgung höher war als in unseren Netzen, dann definieren wir das als unseren wirtschaftlichen Erfolg. Der Paradigmenwechsel für das deutsche Gesundheitswesen besteht darin, dass wir als Krankenkasse 55 Prozent dieses „virtuellen" Budgeterfolgs weitergeben: 37,5 Prozent werden an die niedergelassenen Ärzte ausgeschüttet, und zwar gestaffelt je nach Leistung für das Netz – manche Ärzte erreichen eine Erfolgsbeteiligung, die höher ist als ihr eigentliches KV-Budget; weitere zehn Prozent erhalten die Krankenhäuser, und die Versicherten bekommen für ihre Netztreue eine Prämie, zur Zeit sind das 90 Euro im Jahr; bei einer vierköpfigen Familie sind das 360 Euro, die wir kurz vor Weihnachten überweisen. Wir setzen also auf Incentivierung statt auf Budgetierung und Sanktionierung, die einfach nicht funktionieren. Man kann ohne Übertreibung sagen, dass wir eines der größten Erfolgsmodelle im deutschen Gesundheitswesen sind, und eines, bei dem alle Beteiligten profitieren. Und das, obwohl wir wegen der Bergbau-Tradition der Knappschaft einen Altersdurchschnitt haben, der um 18 Jahre höher ist als bei den GKV: Eine Million unserer 1,7 Millionen Versicherten sind über 70 und entsprechend multimorbid. Ulrich Wickert hat 2008 in den „tagesthemen" über die prosper-Netze gesagt, dass man sie erfinden müsse, wenn es sie nicht schon gäbe – weil sie so „genial" wären.

Sie behaupten Kostenvorteile gegenüber der Regelversorgung von acht bis zehn Prozent. Woher kommen die?

Müller: Den größten Beitrag liefert die Vermeidung unnötiger Krankenhauseinweisungen. Wir liegen – risikoadjustiert – bei den Einweisungen je 1.000 Versicherte um fünf bis sechs Prozent günstiger. In den Notfallambulanzen unserer Krankenhäuser arbeiten keine Assistenzärzte, sondern Fachärzte, die durch ihre Erfahrung weniger Neigung haben, den Patienten sicherheitshalber lieber gleich aufzunehmen. Außerdem haben wir eine andere Vergütungsregelung für die Aufnahmeuntersuchung geschaffen: Statt der üblichen 40 Euro vergüten wir die Untersuchung je nach Geräteeinsatz mit 500 bis 700 Euro; dafür wird der Patient aufgenommen, und am nächsten Tag entscheidet ein erfahrener Oberarzt – oft wird der Patient dann kein stationärer Fall. Mit den 500 bis 700 Euro verdient das Krankenhaus in aller Regel. So verhindern wir, dass ein Patient zu einem stationären Fall „gemacht" wird, weil das Krankenhaus bei den 40 Euro in jedem Fall draufzahlt und dann lieber 3.000 Euro einnimmt, indem es den Patienten unnötigerweise stationär aufnimmt. Das ist eine Win-Win-Win-Situation für Patient, Krankenhaus und Krankenkasse. Eine enorm wichtige Rolle spielt auch die Abstimmung mit den Niedergelassenen. Wir holen Reserven aus dem System, indem niedergelassene und Krankenhausärzte heute mit großer Selbstverständlichkeit gemeinsam Behandlungspfade besprechen, so als gäbe es keine Sektorengrenzen mehr. Wenn Krankenhausverbände meinen, das Einsparpotenzial in den Krankenhäusern sei ausgereizt, dann ist das Unsinn, weil man sich offenbar mit den Sektorengrenzen abgefunden hat.

Ein weiterer Einsparbereich sind die Arzneimittel. Dort erreichen wir eine geringere Wirkstoffhäufigkeit bei gleicher Versorgungsqualität. Das ist für die Patienten ein Segen und bringt für das Gesamtsystem handfeste wirtschaftliche Vorteile. Mit diesen beiden Hebeln – Krankenhauspflege und Arzneimittel – hat man Einfluss auf fast 60 Prozent der Kosten.

Welches Motiv sollten Krankenhäuser haben, weniger Patienten aufzunehmen als sie könnten?

Müller: Natürlich läuft die geringere Einweisehäufigkeit den Interessen jedes Krankenhauses zuwider. Bei uns geschieht dies aber unter der Prämisse, dass wir durch die Überwindung der Sektorengrenzen den Häusern zu sehr guten Belegungen verhelfen. Wir „garantieren" den Krankenhäusern sozusagen eine hohe Auslastung im

Gegenzug für ihre Bereitschaft, nur solche Patienten stationär aufzunehmen, bei denen das eindeutig angezeigt ist. Die Belegungsraten unserer Häuser liegen im Bereich von 88 bis zu 96 Prozent und sind damit überdurchschnittlich. Durch die zehnprozentige Erfolgsbeteiligung bekommen die Häuser ihre Fälle schon im ersten Jahr besser bezahlt und haben deshalb kein Interesse, noch mehr Fälle zu generieren.

Das kann nur zu Lasten anderer Häuser gehen.

Müller: So ist es: Wir holen uns den Zuwachs aus der Umgebung und sind deswegen auch nicht „Everybodies Darling". Wir haben immer nur ein eigenes Krankenhaus in einem Netz, allenfalls ein zweites, das uns aber nicht gehört. Wenn es in einer Stadt zum Beispiel acht Krankenhäuser gibt, reduzieren wir die Krankenhauslandschaft für die Netz-Versicherten von acht auf zwei und erzielen damit einen unglaublichen Sog. Unsere eigenen Häuser haben durch diese IV-Modelle ganz stark profitiert, in unserem Netz in Bottrop beispielsweise haben sich die Fallzahlen seit der Gründung 1999 verdoppelt – während in der definierten Region insgesamt Fälle durch die Netzwerkarbeit vermieden wurden.

Gibt es eine minimale und maximale Größe für so ein Netzwerk?

Müller: Unser erstes Netz in Bottrop war ein reines Knappschaftsnetz mit Knappschaftsärzten und Knappschaftskrankenhaus. Das konnten wir aber nicht durchhalten. Wir definieren heute sehr genau die Region, aber wie viele niedergelassene Ärzte und Versicherte dazugehören sollen, lassen wir offen. Wir lassen grundsätzlich alle Ärzte zu, wenn sie möchten, und die meisten wollen, weil sie zusätzlich Geld verdienen können. Bei den Krankenhäusern gilt jedoch, dass wir für eine Region von 30.000 bis 40.000 Menschen nur ein eigenes Haus haben, höchstens noch ein zweites in anderer Trägerschaft. In unserem größten Netz in Recklinghausen mit 70.000 Versicherten haben wir Unternetze gebildet, die ein Ausschuss koordiniert. Das war am Anfang ein Wagnis und auch nicht gleich so erfolgreich, weil die Verbindlichkeit fehlte, inzwischen läuft es aber gut. Man muss in einer Region die „Trampelpfade" der Ärzte zu den Krankenhäusern kennenlernen, und das braucht Zeit. Erst so kann man Schritt für Schritt verlässliche Bindungen herstellen.

Könnte ein Netz ein ganzes Bundesland oder sogar Deutschland abdecken?

Müller: Für eine Krankenkasse als Netzbetreiber ist es sicher besser, sich auf einen eng begrenzten Bereich zu beschränken – lieber kleinere Einheiten und dafür ein Netz mehr. Ein Krankenhausbetreiber hat da ganz andere Möglichkeiten: Er könnte in seinen Häusern IV-Verträge anbieten, sich Partner bei den Niedergelassenen und den Krankenkassen suchen und so eine starke Marktmacht aufbauen; er könnte eine Managementgesellschaft ausgründen und sein Know-how zur Steuerung der Netze anbieten. Das ist ein hochspannendes Thema, gerade auch in ländlichen Regionen mit schlechten Ambulanzstrukturen: Da könnte sich ein Krankenhaus als zentraler Ort medizinischer Kompetenz präsentieren und starke Bindungen zu den Menschen aufbauen.

HMOs haben nicht den besten Ruf, in den USA gelten sie als „Billiganbieter". Haben auch die prosper-Netze dieses Image?

Müller: Keineswegs. Wir sind auch kein Billignetz und bieten exzellente Qualität. Eine jährliche Analyse der Zufriedenheit unserer Patienten durch ein externes Institut liefert regelmäßig beste Werte. Wir steuern unsere Patienten so durch das System, dass sie dadurch handfeste Vorteile haben. Indizien dafür sind zum Beispiel eine ganz geringe Wiedereinweisungsquote, deutlich weniger Doppeluntersuchungen oder bei multimorbiden Patienten eine geringere Einweisquote wegen unerwünschter Arzneimittelnebenwirkungen, was ein großes Thema ist. Bei der Art unserer Klientel, die überwiegend älter als 60 ist, wäre die Erwartung eines deutlich besseren medizinischen Outcomes aber sicher utopisch. In den USA haben HMOs wie Kaiser Permanente dieses Billig-Image, weil sie gut für junge gesunde Versicherte funktionieren. Wir dagegen sind die Profis für Alte und Kranke und versuchen, denen gerecht zu werden durch ein Höchstmaß an Umgehung der sektoralen Schranken. Seit zwei Jahren kümmern sich zum Beispiel so genannte „Care Teams" um Hochkostenpatienten, insbesondere Diabetiker, die begleitet und zu Hause besucht werden mit dem Ziel, die Wiedereinweisung so lange zu verhindern, wie dies medizinisch vertretbar ist. Wir können uns vom Billiganbieter-Image auch deshalb absetzen, weil es bei uns – anders als in den USA – kein Jota irgendeiner Leistungseinschränkung gibt. Ich kann selbstbewusst sagen, dass wir besser sind als Kaiser Permanente. Wir haben den höchsten Morbiditätsindex aller Kassen in Deutschland und erheben trotzdem keinen Zusatzbeitrag. Allein bei der Arztwahl gibt es Einschränkungen, aber das machen die Patienten ja freiwillig, indem sie sich in unsere Netze einschreiben.

Sollte es mehr medizinische Versorgungsnetze in Deutschland geben?

Müller: Auf jeden Fall. Ich wünsche mir insgesamt mehr Mut zu populationsbezogenen, integrierten Versorgungsmodellen. Wir haben im Moment 250.000 Versicherte in unseren acht Netzen und wollen diese Zahl in den nächsten fünf Jahren verdoppeln, jedes Jahr kommen ein oder zwei Netze hinzu. Es gibt hierzulande zwar ein großes Heulen und Zähneklappern wegen des demografischen Wandels, aber der Leidensdruck scheint noch nicht groß genug zu sein, sonst gäbe es mehr Bewegung bei diesem Thema.

Was muss gesundheitspolitisch passieren?

Müller: Viele Politiker sind leider noch viel zu stark in der ordnungspolitischen Vorstellung gefangen, dass Versicherer und Versorger getrennt sein müssen, denen ist die Knappschaft ein Dorn im Auge. Ich glaube, dass das auf Dauer nicht durchzuhalten ist. Der demografische Wandel und die Entwicklung der Multimorbidität verlangen nach neuen Versorgungsstrukturen. Wenn heute ein Krankenhausbetreiber eine Betriebskrankenkasse gründen würde, wäre das eine HMO, und ich glaube nicht, dass das irgendjemand verbieten könnte. Rentenversicherungsträger haben auch eigene Reha-Einrichtungen, nur bei der Krankenversicherung ist die Verquickung von Kasse und Versorger verboten. Erstaunlicherweise wollen auch die Kassenärztlichen Vereinigungen nichts damit zu tun haben – in keinem unserer acht Netze spielt eine KV eine Rolle. Wir brauchen aber neue innovative Wege. Die Politik könnte zum Beispiel auch Leistungsanbietern eine Art Anschubfinanzierung geben für den Aufbau integrierter Versorgungssysteme. Krankenhäuser und Krankenhausketten sollten noch viel stärker ein Motor dieser überfälligen Entwicklung sein, weil sie – anders als die niedergelassenen Ärzte – das Management-Know-how dafür haben. Die IT-Industrie ist ganz stark am Vernetzungsthema dran, es ist beeindruckend, was da heute schon möglich ist und in naher Zukunft noch möglich sein wird. Ich sehe da riesige Chancen. Wir müssen sie allerdings auch erkennen und dann ergreifen.

5.4 „Vernetzte Strukturen liefern überlegene Leistungen" – Interview mit Helmut Hildebrandt, Geschäftsführer der Gesundes Kinzigtal GmbH

▶ Der Apotheker und Gesundheitswissenschaftler Helmut Hildebrandt ist Geschäftsführer der Gesundes Kinzigtal GmbH, die seit 2006 im Ortenaukreis (Nähe Freiburg) die Integrierte Versorgung für rund 9.400 Mitglieder verantwortet. In seiner Funktion als geschäftsführender Gesellschafter der Hildebrandt GesundheitsConsult GmbH hat er fast 20 Jahre lang Krankenkassen, Verbände, Unternehmen und Einrichtungen der Gesundheitswirtschaft in Organisation, Strategie und Systementwicklung beraten, für die Weltgesundheitsorganisation (WHO) arbeitete er an Präventionsprojekten mit. 1999 und 2000 war Hildebrandt als Berater der damaligen Bundesgesundheitsministerin Andrea Fischer maßgeblich an der Entwicklung der Integrierten Versorgung in Deutschland beteiligt. Hildebrandt ist Vorstand der Management- und Beteiligungsgesellschaft OptiMedis AG in Hamburg, die mit Ärzten, Krankenhäusern oder Krankenkassen Lösungen für die Integrierte (Voll-)Versorgung ganzer Regionen entwickeln. Das bekannteste Projekt ist das „Gesunde Kinzigtal", dessen Gesellschafter die OptiMedis AG und das Ärztenetz „Medizinisches Qualitätsnetz – Ärzteinitiative Kinzigtal" (MQNK) sind.

Herr Hildebrandt, Ihr Anspruch beim „Gesunden Kinzigtal" ist es, „neue Impulse für das Gesundheitssystem der Bundesrepublik" zu geben. Was ist neu und anders bei diesem Versorgungsnetz?

Hildebrandt: Bei anderen Projekten der Integrierten Versorgung ist es oft so, dass der Patient dafür belohnt wird, dass er sich auf bestimmte Restriktionen einlässt, zum Beispiel beschränkt er sein Recht auf freie Arztwahl, wofür er dann meist Prämien bekommt. Ich halte das für den falschen Ansatz, weil man so das Image einer Sparmedizin befördert, während man gleichzeitig eine überlegene medizinische Leistung bieten will. Bei uns ist der Patient deshalb weiterhin völlig frei in der Wahl des Arztes und des Krankenhauses. Außerdem bekommt er bei uns jene Steuerungselemente in die Hand, die im heutigen Gesundheitswesen leider fehlen. Im Sinne von *Health Literacy* lassen wir unseren Patienten nicht durch das komplizierte Gesundheitssystem stolpern, sondern geben ihm Unterstützung, damit er nach seiner eigenen Entscheidung die für ihn richtigen Leistungen rationaler, klüger auswählen kann. Wir vollziehen im Grunde eine Umkehrung des Gesundheitswesens, indem wir die Mittel nicht allein für die Therapie vorhandener Erkrankungen verwenden, sondern sehr viel in die Vorsorge investieren. Wir halten das für die nachhaltigere Lösung.

Wie gehen Sie genau vor?

Hildebrandt: Wenn man bei uns Mitglied wird, beantwortet man gemeinsam mit seinem Hausarzt einen Fragebogen. Signalisiert der dabei ermittelte Scorewert ein Gesundheitsrisiko, bekommt der Patient das Angebot für einen erweiterten Check-up und ein ausführliches ärztliches Gespräch mit einer gemeinsamen Vereinbarung von Unterstützungszielen. Daraus können dann verschiedene Maßnahmen resultieren, mit denen der Patient gegensteuern kann – indem er sein Gewicht reduziert, seine Ernährung umstellt, mit dem Rauchen aufhört, ein Gespräch mit einem Psychotherapeuten führt oder einen Rückenkurs belegt. Um beim Beispiel des Rückenkurses zu bleiben: Dafür zahlt der Patient einen Selbstbehalt von 50 Euro, den Rest begleicht „Gesundes Kinzigtal"; und wenn der Patient regelmäßig am Kurs teilnimmt, erstatten wir am Ende auch noch den Selbstbehalt; viele andere Angebote sind von Anfang an kostenlos. Drei Viertel unserer inzwischen circa 9.400 Mitglieder haben an irgendeinem unserer Programme teilgenommen, das zeigt die hohe Akzeptanz. Sie resultiert auch daraus, dass die Maßnahmen das Ergebnis einer Art Zielvereinbarung zwischen dem Patienten und seinem Arzt sind – der Patient muss von sich aus die Veränderung wollen, dann kann ihn der Arzt sinnvoll begleiten und die Wirksamkeit der Maßnahmen in regelmäßigen Abständen beurteilen.

Was ist der „Mehrwert" für den Patienten?

Hildebrandt: Unsere Arbeit lassen wir sehr umfangreich und von mehreren Lehrstühlen begutachten. So analysiert beispielsweise die PMV-Forschungsgruppe der Universität Köln verschiedene Kennziffern und Indikatoren zur Entwicklung der Versorgungsqualität im Kinzigtal im Vergleich zu Baden-Württemberg. Neben globalen, das heißt indikationsunabhängigen Kennziffern und Qualitätsindikatoren werden aus GKV-Routinedaten spezielle Kennziffern und Indikatoren gebildet zu Themen wie Demenz, Diabetes, Herzinsuffizienz oder Hypertonie. Insgesamt ergibt sich aus den Vergleichen eine relativ hohe und im Zeitverlauf zunehmende Versorgungsqualität im Kinzigtal. Eine kürzlich erfolgte Auswertung anhand von rund 9.000 anonymisierten und gematchten Patientendaten konnte sogar zeigen, dass die Teilnehmer unseres Netzwerks im Schnitt 1,5 Jahre länger leben. Dass sich das schon nach so kurzer Zeit so deutlich belegen lässt, hat uns selbst überrascht.

5.4 „Vernetzte Strukturen liefern überlegene Leistungen" – Interview ...

Ganz „umsonst" ist die Mitgliedschaft aber nicht – denn die Patienten willigen ein, dass Sie von den Krankenkassen deren Gesundheitsdaten erhalten.

Hildebrandt: Das stimmt, diese Daten – wir bekommen sie pseudonymisiert – brauchen wir zum einen für die Steuerung der Versorgung der Versicherten und der rund 200 beteiligten Hausärzte, niedergelassenen Fachärzte und Krankenhaus-Fachärzte sowie der anderen beteiligten Leistungs- und Kooperationspartner vom Physiotherapeuten über den Sportverein und das Fitness-Studio bis zu Apotheken und Arbeitgebern. Zum anderen errechnen wir mit diesen Daten die Gesundheitseffizienz unserer Maßnahmen, von der wir letztlich leben: Die beteiligten Krankenkassen – das sind derzeit die AOK Baden-Württemberg und die ehemalige LKK Baden-Württemberg (heute: Sozialversicherung für Landwirtschaft, Forsten und Gartenbau) – zahlen uns vorab zwar einen Abschlag für die erzeugte Gesundheitseffizienz; wenn wir diese aber nicht erbringen, müssen wir den Abschlag wieder zurückzahlen...

... wie beim Energieeinsparcontracting?

Hildebrandt: Ja, unser Geschäftsmodell ist ähnlich, nur dass es hier nicht um die reduzierten Energiekosten, sondern um die reduzierten Gesundheitskosten der Versicherten geht. Damit wir keinen Selektionsanreiz haben, bezieht sich das auf die Gesamtkosten aller Versicherten der beiden Krankenkassen im Kinzigtal. Wenn diese im Verhältnis zu den Durchschnittskosten einer analogen Population in Deutschland der Krankenkassen sinken, bekommen wir einen Anteil der „Gesundheitsdividende", die den Krankenkassen damit entsteht.

Rechnet sich das?

Hildebrandt: Durchaus, unsere „Erfolgswette" ist aufgegangen: Wir haben gerade das Jahr 2011 berechnet, danach hat sich die Gesundheitsdividende der beiden Krankenkassen gegenüber 2005 um einen deutlich höheren Betrag verbessert, als sie uns als Abschlag bereits ausgezahlt hatten, das heißt, wir können noch erhebliche Beträge zusätzlich in Rechnung stellen.

Auch bei Ihnen geht es also letztlich um Einsparungen.

Hildebrandt: Ja, aber nicht durch Leistungsbeschränkungen wie beim klassischen *Managed Care*, sondern durch eine bessere Diagnostik am Anfang, durch die starke Betonung von Prävention und durch eine bessere Verzahnung der Schnittstellen zwischen den Ärzten und anderen Leistungspartnern. Unsere Netz-Ärzte werden von uns ermuntert, ohne Einschränkungen die beste Medizin zu leisten. 20 Prozent der Versicherten – und meist sind es die älteren – verursachen 80 Prozent der Kosten. Unsere Programme sprechen vor allem diese Gruppe an, denn bei den Morbideren können wir viel mehr erreichen als bei den jungen Gesunden. Wenn wir es zum Beispiel schaffen, einen Osteoporose-Patienten durch calciumhaltigere Ernährung, gezielte Medikation und intensives Kraft- und Koordinationstraining länger frakturfrei zu halten, erzielt die Krankenkasse in dieser Zeit einen positiven Deckungsbeitrag für diesen Patienten. Und je mehr Osteoporose-Patienten wir in unserem Netz davor schützen können, einen Oberschenkelhalsbruch zu erleiden, umso besser für sie, für die Krankenkasse und letztlich auch für uns. Ein anders Beispiel: Wir sparen sehr viel Geld bei den psychiatrischen Behandlungen, aber nicht, indem wir versteckte Rationierung organisieren, wir machen genau das Gegenteil: Die Psychotherapeuten unseres Netzes halten Sprechzeiten für Notfälle frei, so dass der überweisende Hausarzt innerhalb einer Woche einen Termin vermitteln kann; bei vielen helfen schon wenige Sitzungseinheiten, das heißt, dank der schnellen Hilfe wachsen sich die anfänglichen Beschwerden nicht zu schweren Belastungen aus, die den Patienten dann unter Umständen sehr lange aus der Bahn werfen. Wir haben insofern ein komplettes Behandlungsregime entwickelt, das aus der passgenauen Optimierung auf regionaler Ebene eine Effizienzsteigerung auf der Systemebene generiert. Mich wundert es schon, dass sich solche Systemansätze, die für alle Beteiligten Vorteile bringen, nur langsam durchsetzen. In jeder anderen Branche gibt es immer wieder so genannte disruptive Innovationen, die zu preiswerteren Lösungen führen – bei gleichbleibender oder sogar höherer Qualität. Nur im Gesundheitswesen denken die meisten, alles könne immer nur teurer werden.

Was veranlasst Ärzte, an Ihrem Versorgungsnetz teilzunehmen?

Hildebrandt: Viele sind frustriert über das herrschende System – über die zunehmende Verrechtlichung, über die ausufernden Dokumentationspflichten, über die Orientierung darauf, möglichst viele Patienten in möglichst kurzer Zeit durchschleusen zu müssen, wenn man das Einkommen der Peers erzielen will. Deswegen hat man nicht Medizin studiert, diese simple Ökonomisierung sehen viele mit Recht als intellektuell unterfordernd und kränkend an. Bei uns können sich die Ärzte mehr Zeit für ihre Patienten nehmen, auch mal die Familiensituation klären, um zu einer gründlicheren Diagnose und Therapieempfehlung zu kommen. Das bringt nicht nur mehr Erfüllung als Arzt, sondern in unserer Konstruktion auch eine zusätzliche leistungsabhängige Vergütung. Die Systematik für diese Vergütungen haben übrigens nicht etwa wir den Ärzten übergestülpt, das haben sie selbst kollegial entwickelt. Eine engagierte Allgemeinpraxis, Orthopäden und Psychotherapeuten kommen bei uns jährlich auf zusätzliche Vergütungen von 20.000 Euro und mehr, dazu können noch weitere Ausschüttungen kommen, wenn sie Gesellschafter sind. Außerdem fördern wir durch eine praxisübergreifende Patientenakte den kollegialen Austausch zwischen den Haus- und Fachärzten, auch das erleben viele als Bereicherung. Rund 60 Prozent der Ärzte aus der Region sind Mitglieder unseres Netzwerks, das zeugt davon, dass wir eine gewisse Attraktivität haben müssen.

Ihr Netz arbeitet daran, Einweisungen ins Krankenhaus nach Möglichkeit zu vermeiden. Das kann den Krankenhäusern in Ihrer Region nicht gefallen.

Hildebrandt: Solange die Gesundheitspolitik so falsch ist wie sie ist und solange die Finanzierung der Krankenhäuser so bleibt, wird es den falschen Anreiz geben, Krankenhausbetten auszulasten, zur Not auch mit Leistungen, die nicht oder noch nicht notwendig sind. Daran können wir nichts ändern, dazu muss die Veränderung von oben kommen. Aber unterhalb dieser Schwelle arbeiten wir mit dem Klinikverbund des Ortenau Klinikums, das dem Landkreis gehört, sehr gut zusammen, einige Chefärzte des Klinikums sind sogar Mitglieder unseres Netzes. Wir arbeiten zum Beispiel in einer Projektgruppe zum Thema Rheuma zusammen; derzeit entwickeln wir – mit der Kreisärzteschaft als drittem Partner im Boot – ein Trainingsprogramm für Hausärzte, um Raucher, die vor einem elektiven operativen Eingriff stehen, auf das erhöhte Risiko des Eingriffs durch ihre Sucht anzusprechen und ihnen eine Raucherentwöhnung vorzuschlagen. Das ist natürlich ein Gewinn für den Patienten selbst, aber auch ökonomisch vorteilhaft für das Krankenhaus. Wir haben auch erreicht, dass die Hausärzte unserer Netzwerk-Mitglieder nach der Entlassung eines Patienten aus dem Krankenhaus automatisch am Morgen der Entlassung einen Arztbrief bekommen; die Apotheker des Krankenhauses sind engagierte Mitglieder unserer Arzneimittelkommission, und wir sind dabei, den Datenaustausch zwischen stationärem und ambulantem Bereich zu erhöhen. Die Zusammenarbeit ist noch stark ausbaubar, aber schon jetzt sehr eng und von Vertrauen geprägt. Gleichwohl produzieren wir auch einen gewissen Qualitätsdruck, weil die niedergelassenen Ärzte ihren Patienten auch ein anderes Krankenhaus empfehlen können.

Welche Interesse hat die AOK Baden-Württemberg als Ihr Kooperationspartner an dem Projekt „Gesundes Kinzigtal"?

Hildebrandt: Für die AOK ist das hier neben der bisher bereits erzielten Gesundheitsdividende wie ein Labor, in dem sie viel lernen kann. Einige Elemente aus unserem Modell hat sie auch schon in Verträge mit dem Hausärzteverband übertragen. Allerdings stößt die AOK als große Kasse bei unserem Modell an ihre Grenzen: Für uns sind Regionen mit 30.000 bis 100.000 Versicherten interessant, weil wir dort innerhalb der Ärzteschaft den notwendigen Zusammenhalt organisieren können. Ganz Baden-Württemberg – und das muss eine AOK auch mitbedenken – können wir damit aber nicht abdecken. Wenn Sie uns im nächsten Jahr noch einmal fragen, könnte es aber sein, dass dann noch weitere Regionen in Baden-Württemberg dazugekommen sind.

Welche Möglichkeiten haben Sie, das Modell „Gesundes Kinzigtal" zu skalieren.

Hildebrandt: Unsere Herausforderung ist es, mehrere Krankenkassen für unsere Idee zu gewinnen, dann haben wir auch ausreichend Versicherte, um valide Erfolgsmessungen machen zu können. Wir sind in Verhandlungen mit mehreren Krankenkassen, und das Interesse aus der Ärzteschaft ist sehr groß. Ich rechne damit, dass wir in naher Zukunft in weiteren acht Regionen Deutschlands präsent sein werden, aber nicht nur in vermeintlich idealen, weil abgelegenen Regionen wie dem Kinzigtal, sondern auch in Ballungszentren; gerade dort können wir die Stärken unseres Ansatzes demonstrieren. Ich bin überzeugt, dass vernetzte Strukturen das jetzige Gesundheitssystem irgendwann ablösen werden – nicht aus ideologischen, sondern aus ökonomischen Gründen: Sie liefern überlegene Leistungen zu niedrigeren Kosten.

Epilog

Am 12.9.2013 stimmte der Aufsichtsrat der Rhön-Klinikum AG unter meiner Führung einer Beschlussvorlage des Vorstands zu, wonach 43 Kliniken des Unternehmens an die Fresenius-Tochter Helios veräußert werden.
Damit ist eine erste, wenngleich sehr wichtige Voraussetzung für die realistische Umsetzung des Netzwerkmedizinkonzepts erreicht. Die Frankfurter Allgemeine Zeitung schrieb dazu am 13.9.2013:

> Damit verfügt der fusionierte Konzern endlich über die Präsenz, um das von Rhön-Gründer Eugen Münch erdachte Konzept der Netzwerk-Medizin umzusetzen: Münch will Unternehmen und Verbänden Zusatzversicherungen verkaufen, so dass deren Mitarbeiter für vergleichsweise kleine Beiträge im Kliniknetz von Helios/Rhön Leistungen wie Privatversicherte erhalten können.
> Ob das funktionieren kann, ist in der Branche zwar umstritten. Immerhin gibt es jetzt aber die Möglichkeit, diesen Versuch zu starten und es einfach herauszufinden. Und das ist gut so. Denn neue Ideen sind bitter nötig, schließlich hat der Kostendruck im Gesundheitswesen viele Blütenträume der privaten Klinikbetreiber zunichte gemacht.

Dem ist nichts hinzuzufügen.

Literatur- und Quellenverzeichnis

Fricke, A.: „Zukunft der Krankenhäuser: Die Mengendebatte und der Umbau der Klinikwelt", in: Ärzte-Zeitung vom 11.4.2013.
Mingels, G.: „Discounter der Herzen", in: Der Spiegel, Nr. 33/2013, ab Seite 54.
o. V.: „Deutschland belegt Spitzenplatz bei Klinikbehandlungen", in: dpa infocom/dpa-AFX-Line vom 07.04.2013.
Porter, M. E./Guth, C.: „Chancen für das deutsche Gesundheitswesen," Springer Gabler, Berlin, Heidelberg 2012.
Wegener, B.: „AOK-Chef: Fallzahlrekorde sind ein gefährliches Symptom", Interview in: dpa infocom/dpa-AFX-Line vom 07.04.2013 (2013a).
Wegener, B.: „Wird hierzulande zu viel operiert?", in: Main Post vom 08.04.2013, S. 4 (2013b).

Websites

http://www.aerzteblatt.de/dossiers/priorisierung
http://www.manager-magazin.de/unternehmen/artikel/0,2828,877820,00.html
http://www.tagblatt.de/Home/leserportal/leserbriefe_artikel,-Keine-Schraubenfabrik-_arid,204860.html
http://www.tagblatt.de/Home/leserportal/leserbriefe_artikel,-Tun-Sie-endlich-was-_arid,204851.html
http://www.tagblatt.de/Home/leserportal/leserbriefe_artikel,-An-den-Schwachen-_arid,204850.html
http://www.tagblatt.de/Home/nachrichten/ueberregional/baden-wuerttemberg_artikel,-Uni-Kliniken-zahlen-fuer-schwere-Faelle-oft-drauf-_arid,209314.html
http://www.swr.de/nachrichten/bw/-/id=1622/nid=1622/did=11221994/1t5zjba/index.html
http://www.spiegel.de/panorama/gesellschaft/us-gesundheitssystem-bankraub-fuer-einen-arzttermin-a-769607.html

The manufacturer's authorised representative in the EU is Springer Nature Customer Service Centre GmbH, Europaplatz 3, 69115 Heidelberg, Germany. If you have any concerns regarding our products, please contact ProductSafety@springernature.com

Printed and bound by CPI Group (UK) Ltd, Croydon, CR0 4YY
23/03/2026
02076393-0002